사회평론

**글 사회평론 과학교육연구소**
대학에서 오랫동안 과학을 연구한 전문가들이 모여, 우리 아이들이 쉽고 재미있게 공부할 수 있는 책을 만들고 있습니다.

**글 이현진** (사회평론 과학교육연구소 연구원)
상명대학교에서 생물학과를 졸업하고 열린사이버대학교에서 심리학을 공부했습니다. 서울의대유전체의학연구소에서 연구원으로 있었으며, 와이즈만영재교육연구소와 아이스크림미디어에서 다수의 과학콘텐츠를 개발했습니다.

**글 김형진** (사회평론 과학교육연구소 연구원)
연세대학교 천문대기과학과를 졸업하고 같은 대학교 대학원에서 석사, 박사 학위를 받았습니다. 과학자를 꿈꾸는 아이들에게 올바른 과학 개념과 과학적 태도를 함께 키울 수 있는 방법을 전달하기 위해 노력하고 있습니다. 현재 사회평론 과학교육연구소 연구원으로 과학책을 만들고 있습니다.

**글 설정민** (사회평론 과학교육연구소 연구원)
서울대학교 생물학과를 졸업하고 같은 대학교 대학원에서 석사 학위를 받은 뒤 박사 과정을 수료하였습니다. 아이에게 과학을 쉽고 재미있게 얘기해 주려 노력하다 보니 어린이를 위한 책을 만드는 일에도 관심을 가지게 되었습니다. 현재 사회평론 과학교육연구소 연구원으로 과학책을 만들고 있습니다.

**글 이명화** (사회평론 과학교육연구소 연구원)
서울대학교 물리교육과를 졸업하고 같은 대학교 대학원에서 석사, 박사 학위를 받았습니다. 10여 년간 중학교에서 과학을 가르쳤으며, 미국 아리조나 주립대에서 물리학으로 박사 학위를 받고 독일, 미국, 영국에서 연구원으로 근무하였습니다. 쉽고 재미있는 과학책을 쓰는 일에 관심을 갖고 있으며, 현재 사회평론 과학교육연구소 연구원으로 과학책을 만들고 있습니다.

**그림 조현상** (매드푸딩스튜디오)
미국 필라델피아에서 U-Arts를 졸업했습니다. 한국과 미국에서 동화, 일러스트레이션, 만화 등 다양한 작업을 하고 있습니다.
mad-pudding.com | instagram.com/madpuddingstudio

**그림 뭉선생**
2004년 LG 동아 국제만화 공모전에 입상하며 작품 활동을 시작했습니다. 그린 책으로《조지의 우주를 여는 비밀 열쇠》시리즈,《용선생 만화 한국사》시리즈,《용선생 처음 한국사》시리즈,《용선생 처음 세계사》시리즈 등이 있습니다.

**그림 윤효식**
2002년《소년 챔프》에〈신검〉으로 데뷔하여 어린이에게 유익한 학습 만화를 그리고 있습니다. 그린 책으로《마법천자문 사회원정대》시리즈,《용선생 만화 한국사》시리즈,《용선생 처음 한국사》시리즈,《용선생 처음 세계사》시리즈 등이 있습니다.

**감수 박재근**
서울대학교 생물교육과를 졸업하고 같은 대학교 대학원에서 과학교육 전공으로 석사, 박사 학위를 받았습니다. 생물교육과 환경교육을 주로 연구하고 있으며, 중학교, 고등학교 교사를 거쳐 현재 경인교육대학교 과학교육과 교수로 재직 중입니다. 2015 개정 교육과정의 중학교 과학교과서, 초등학교 과학교과서를 함께 저술하였습니다.

**캐릭터 이우일**
홍익대학교에서 시각디자인을 공부한 만화가입니다. 그림책 작가인 아내 선현경, 딸 은서, 고양이 카프카와 함께 그림을 그리고 글을 쓰며 살고 있습니다. 지은 책으로《우일우화》,《옥수수빵파랑》,《좋은 여행》,《고양이 카프카의 고백》등이 있고, 그린 책으로《노빈손》시리즈,《용선생의 시끌벅적 한국사》시리즈,《교양으로 읽는 용선생 세계사》시리즈 등이 있습니다.

# 용선생의 시끌벅적 과학교실

### 생물의 적응

글 사회평론 과학교육연구소 | 그림 조현상·뭉선생·윤효식 | 감수 박재근 | 캐릭터 이우일

## 살아남으려면 변할 수밖에!

사회평론

## 프롤로그

여러분, 안녕? 과학반을 맡은 용선생이야. 내 명성은 익히 들어 봤겠지? 역사반과 세계사반을 모두 훌륭하게 성공시키며 방과 후 교실 최고의 인기 교사가 된 그 용선생이란다. 교장 선생님께서 특별히 부탁하셔서 이번에는 과학반을 맡게 되었어. 어찌나 사정을 하시던지 도무지 거절할 수가 없었지 뭐야. 그래서 이 몸이 깜짝 놀랄 수업을 준비했단다.

우리의 수업은 언제나 질문과 함께 출발해. 세상을 둘러보다가 누군가 "저건 왜 그래요?" 하고 질문하면 바로 그 순간 수업이 시작되는 거지. 이제부터 용선생의 시끌벅적 과학교실을 제대로 즐기는 방법을 하나씩 알려 줄게.

첫째, 과학반 친구들과 함께 호기심을 갖고 질문해 봐. 과학을 어렵게만 생각하지 말고, 매 교시마다 아이들이 어떤 호기심을 가지는지 관심을 가져 봐. 과학반 친구들과 함께 '왜 그럴까?', '어떻게 알아낼 수 있을까?' 고민하다 보면 어렵던 과학도 쉽게 느껴질 거야.

둘째, 어려운 내용은 사진과 그림으로 이해해 봐. 어려운 과학 개념과 원리를 한 장의 사진이나 그림을 통해 단숨에 이해할 수도 있어. 그래서 너희를 위해 사진과 그림을 많이 준비했단다. 글을 읽다가 어렵다 싶으면 옆에 있는 사진과 그림을 봐. 잘 이해되지 않던 내용이 틀림없이 술술 이해될 거야.

셋째, 배운 내용을 되새기며 머릿속에 정리해 봐. 왁자지껄한 수업을 마치고 나면 뭘 배웠는지 정리가 안 될 때도 있을 거야. 그럴 때를 대비해 중간중간 핵심 정리를 준비했어. 또 배운 내용을 4컷 만화로 재미있게 요약해 두었지. 게다가 교시가 끝날 때마다 나선애의 정리노트도 마련했단다. 이 정도면 학습 정리는 문제없겠지?

과학은 분야도 다양하고 배울 내용도 아주 많아. 쉽게 이해할 수 있는 부분도 있지만, 여러 번 곰곰이 생각해 봐야 알 수 있는 부분도 있지. 이 책을 여러 번 다시 읽다 보면 구석구석 빠짐없이 모두 이해될 거야.

자, 이제 용선생의 시끌벅적 과학교실을 제대로 즐길 준비가 됐겠지? 그럼 신나는 수업을 시작해 볼까?

## 차례 | 생물의 적응

### 1교시 | 식물과 빛
# 옥수수는 왜 땅 위에도 뿌리가 있지?

옥수수는 큰 키를 어떻게 버틸까? … 13
덩굴 식물은 어떻게 높이 올라갈까? … 15
잎이 난 모양이 왜 저마다 다를까? … 17
식물은 어떻게 변해 왔을까? … 20

나선애의 정리 노트 … 22
과학퀴즈 달인을 찾아라! … 23

**교과연계**
초 6-1 식물의 구조와 기능 |
중 1 생물의 다양성

### 2교시 | 식물과 물
# 바오바브나무 줄기는 왜 굵을까?

물이 부족한 곳에서 살아남는 법 … 27
너도 식물이었어? … 31
바오바브나무는 왜 그렇게 뚱뚱할까? … 34

나선애의 정리노트 … 38
과학퀴즈 달인을 찾아라! … 39

**교과연계**
초 4-2 식물의 생활 |
초 6-1 식물의 구조와 기능

### 3교시 | 공생
# 무화과는 정말 꽃이 없을까?

무화과는 꽃이 없다고? … 42
무화과좀벌에게 무화과란? … 45
무화과에게 무화과좀벌이란? … 50
둘의 관계는 영원할까? … 53

나선애의 정리노트 … 56
과학퀴즈 달인을 찾아라! … 57
용선생의 과학 카페 … 58
 - 벌레들의 지옥, 식충 식물

**교과연계**
초 3-1 동물의 한살이 |
초 6-1 식물의 구조와 기능

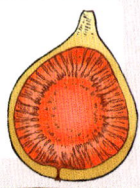

### 4교시 | 기생
# 겨우살이는 왜 겨울에만 보이지?

겨우살이가 겨울에 열매 맺는 까닭은? … 62
겨우살이가 겨울에 살아남는 비결 … 66
기생하며 사는 게 나쁜 걸까? … 68

나선애의 정리노트 … 72
과학퀴즈 달인을 찾아라! … 73
용선생의 과학 카페 … 74
 - 식물의 이름은 어떻게 지을까?

**교과연계**
초 6-1 식물의 구조와 기능 |
중 1 생물의 다양성

## 5교시 | 동물과 환경

### 낙타가 사막에 적응한 방법은?

낙타는 왜 다리가 길까? … 79
낙타는 왜 특이한 행동을 할까? … 81
낙타의 또 다른 생존 비법은? … 84

나선애의 정리노트 … 90
과학퀴즈 달인을 찾아라! … 91
용선생의 과학 카페 … 92
- 사람도 환경에 적응해!

**교과연계**
초 3-2 동물의 생활 | 중 2 동물과 에너지

## 7교시 | 동물의 위장

### 속고 속이는 동물의 생존법은?

날 건드리면 큰일 날걸! … 110
포식자도 속임수를 쓴다고? … 115
포식자가 더 이상 속지 않는다면? … 119

나선애의 정리노트 … 122
과학퀴즈 달인을 찾아라! … 123
용선생의 과학 카페 … 124
- 작지만 끈질긴 적응의 왕, 곰팡이

**교과연계**
초 3-2 동물의 생활 | 중 1 생물의 다양성

## 6교시 | 동물과 먹이

### 기린은 왜 길쭉길쭉할까?

누가 더 높이 자랄까? … 96
기린의 또 다른 적응 … 99
기린을 어떻게 쫓아낼까? … 100
쇠뿔아카시아나무의 비장의 무기는? … 102

나선애의 정리노트 … 106
과학퀴즈 달인을 찾아라! … 107

**교과연계**
초 3-2 동물의 생활 | 중 1 생물의 다양성

가로세로 퀴즈 … 126
교과서 속으로 … 128

찾아보기 … 130
퀴즈 정답 … 131

## 등장인물

### 용쓴다 용써!
### 용선생

- 체력 ★★★
- 지력 ★★★★★
- 감성 ★★★
- 호기심 ★★★★★
- 유머 ★★

열정이 가득한 과학 선생님. 하늘을 향해 거침없이 솟은 머리카락과 삐죽삐죽한 수염이 매력 포인트. 생생한 과학 수업을 하기 위해 물불을 가리지 않는다.

### 장하다 장해!
### 장하다

- 체력 ★★★★★
- 지력 ★
- 감성 ★★★★
- 호기심 ★★★★★
- 유머 ★★★★★

'튼튼하게만 자라 다오.'라는 아버지의 소원대로 튼튼하게 자랐다. 성격은 일등, 성적은 비밀이다. 시험을 못 봐도 씩씩하고 엉뚱한 질문으로 수업에 활력을 준다.

### 오늘도 나선다!
### 나선애

- 체력 ★★★★
- 지력 ★★★★
- 감성 ★★★
- 호기심 ★★★★★
- 유머 ★★★

과학자를 꿈꾸는 우등생. 공부도 잘하고 아는 게 많아서 모든 일에 앞장서는 타입이다. 겉으로는 차가워 보이지만 내심 따뜻한 면도 가지고 있다. 전혀 티가 안 나서 그렇지.

### 잘난 척 대장
### 왕수재

- 체력 ★★★
- 지력 ★★★★
- 감성 ★
- 호기심 ★★★★★
- 유머 ★

세상에서 자기가 제일 잘난 줄 안다. '천재는 외로운 법이고 질투의 대상인 법'이라나. 친구들에게 깐족거리는 데에도 천재적이다. 그래도 수업에는 늘 적극적으로 참여한다.

## 낭만 가득
### 허영심

- 체력 ★★★★★
- 지력 ★★★
- 감성 ★★★★★
- 호기심 ★★★★★
- 유머 ★★

감성이 풍부해도 너무 풍부하다. 떨어지는 낙엽이나 밤하늘의 별을 보며 눈물짓고, 조그만 벌레와 대화를 나누는 사차원 성격. 하지만 누구보다 정이 많고 낭만적이다.

## 과학반 귀염둥이
### 곽두기

- 체력 ★★★
- 지력 ★★★★
- 감성 ★★★★
- 호기심 ★★★★★
- 유머 ★★★★

형과 누나들의 귀여움을 독차지하는 과학반 막내. 나이도 가장 어리고 타고난 동안이라 언뜻 보면 유치원생 같다. 훈장 할아버지 덕에 어려운 단어를 줄줄 꿰고 있다.

---

### 우리를 찾아봐!

**바오바브나무**
건조한 곳에 잘 적응하여 수천 년을 살 수 있게 된 나무야.

**무화과좀벌**
무화과와 공생하며 사는 벌로 생김새부터 생활 방법 등 모든 것이 무화과에 적응되어 있어.

**겨우살이**
다른 나무에 기생하며 겨울에 번식하는 방법으로 적응했어.

**낙타**
오랜 세월 사막에 살면서 생김새부터 생활 방법까지 사막 환경에 적응했어.

**기린**
쇠뿔아카시아나무를 먹기에 유리한 생김새로 적응했어.

**꽃등에**
벌의 모습으로 위장하여 포식자를 속일 수 있어.

　용선생이 학교 뒤편 텃밭으로 나왔다.

　"다들 먼저 와 기다리고 있었구나. 오래간만에 야외로 나오니 좋지?"

　"안녕하세요! 선생님! 그런데요, 어제 비바람이 불어서 그런지, 텃밭의 식물들이 많이 쓰러져 있어요."

　"아, 정말 그렇구나."

　"그런데 옥수수는 끄덕없이 잘 서 있어요. 줄기가 이렇게 길고 가는데 어떻게 쓰러지지 않는지 신기해요."

　왕수재가 옥수수 줄기를 툭툭 치며 말했다.

　"그건 옥수수 줄기 아래쪽을 보면 알 수 있어."

　용선생이 아랫부분을 가리켰다.

　"줄기 아래에 뭐가 있는데요?"

　"한번 같이 살펴볼까?"

## 옥수수는 큰 키를 어떻게 버틸까?

아이들은 호기심 가득한 얼굴로 옥수수 아래를 살펴보기 시작했다.

"혹시 이건가요?"

아이들 모두 허영심이 가리킨 쪽을 보았다.

"뿌리처럼 생긴 게 땅 위에 있어요."

나선애가 고개를 갸우뚱거렸다.

"옥수수는 뿌리가 땅속에도 있고 땅 위에도 있어. 땅 위의 뿌리를 특히 버팀뿌리라 하지."

"버팀뿌리요?"

"그래. 땅속의 뿌리가 옥수수를 쓰러지지 않도록 받쳐 주고 있지만, 그것만으론 기다란 줄기를 받쳐 주기 힘들어. 그래서 땅 위의 버팀뿌리가 또 한 번 받쳐 주는 거야."

"아, 식물이 똑바로 서 있을 수 있도록 버텨 주니까 버팀뿌리라 하는 거군요. 그런데 왜 땅속에 있는 뿌리만으로는 버틸 수 없는 거죠? 옥수수보다 큰 나무들도 땅속의 뿌리만으로 잘 버티잖아요."

용선생은 옥수수를 하나 뽑아서 가져와 아이들에게 보여 주었다.

▲ 옥수수 줄기의 아랫부분

**용선생의 과학 현미경**

버팀뿌리는 아래쪽 줄기에서 나온 뿌리로, 땅속의 뿌리와 연결되어 있어. 옥수수, 대나무, 케이폭나무 등이 버팀뿌리를 가지고 있지.

케이폭나무

▲ 옥수수의 버팀뿌리와 수염뿌리

▲ 수염뿌리를 가진 강아지풀

"옥수수의 땅속뿌리는 수염처럼 생겼어. 이것을 '수염뿌리'라 하지. 수염뿌리는 빠르게 자랄 수 있다는 장점이 있지만 줄기를 받쳐 주는 힘이 약하다는 단점이 있어. 그래서 수염뿌리를 가진 식물은 대부분 줄기가 가늘고 약해서 키가 작은 편이지."

"하지만 옥수수는 키가 엄청 크잖아요."

"옥수수는 버팀뿌리 덕에 키가 커질 수 있는 거야. 버팀뿌리가 밑에서 든든히 줄기를 받쳐 주니 주변 식물보다 높이 자랄 수 있는 거지."

"근데 키가 크면 뭐가 좋아요?"

"식물은 빛을 이용해 스스로 영양분을 만들어. 주변 식물보다 키가 크면 빛을 많이 받을 수 있으니 살아남기 유리하겠지?"

**핵심정리**

옥수수는 버팀뿌리가 긴 줄기를 받쳐 주기 때문에 주변 식물보다 높이 자라서 빛을 많이 받을 수 있어.

## 덩굴 식물은 어떻게 높이 올라갈까?

"선생님, 이것 좀 보세요. 이 식물은 왜 이런 담벼락에서 자라는 거예요?"

곽두기가 담벼락에 붙어 있는 식물을 보며 말했다.

"담쟁이덩굴이구나. 담벼락은 그늘이 져서 식물이 자라기에 좋은 곳은 아니지만 주변에 경쟁해야 할 다른 식물이 없다는 장점이 있지. 그래서 담쟁이덩굴은 담벼락에서 자라게 된 거야."

"그렇군요! 그런데 담쟁이덩굴은 그늘진 곳에서 어떻게 자라는 거예요?"

▲ 담쟁이덩굴의 부착뿌리

"담쟁이덩굴은 담벼락을 타고 빛이 비치는 쪽으로 뻗어 나가. 줄기에서 부착뿌리가 나와 담벼락에 달라붙을 수 있거든."

"저게 부착뿌리예요? 뿌리가 꼭 문어 다리의 빨판처럼 생겼네요."

"맞아. 담쟁이덩굴도 옥수수가 그랬듯 햇빛을 더 많이 받을 수 있게 변한 거야. 어디든 담벼락만 있다면 빛이 잘 비치는 쪽으로 자랄 수 있지. 이렇게 주변 물체에 붙어 타고 올라가면서 높이 자라는 식물을 '덩굴 식물'이라고 해."

그때 왕수재가 오이밭을 가리키며 외쳤다.

"선생님! 이것 좀 보세요! 오이에 용수철 같은 게 달려 있어요! 저게 뭐예요?"

▲ 다리의 빨판을 이용해 유리벽에 붙어 있는 문어

▲ **오이의 덩굴손** 줄기에서 나온 덩굴손이 다른 물체를 돌돌 감으며 올라가. 그래서 오이를 키울 때에는 지지대를 설치해 줘야 해.

"덩굴손이구나! 용수철처럼 생긴 부분을 덩굴손이라고 해. 오이도 덩굴 식물에 속하는데, 담쟁이덩굴이 담벼락에 붙어서 자라는 것과는 달리 오이는 주변 물체를 휘감으며 자라. 덩굴손이 막대기를 지지대 삼아 휘감아 오르면서 높은 곳까지 자랄 수 있지. 오이의 덩굴손도 빛을 많이 받기 유리하게 변한 거야."

 핵심정리

> 덩굴 식물은 주변의 물체를 이용해 높이 자라서 빛을 많이 받을 수 있어.

##  잎이 난 모양이 왜 저마다 다를까?

"그럼 버팀뿌리나 덩굴손이 없는 식물들은 어떻게 빛을 받아요?"

"버팀뿌리나 덩굴손이 없어도 대부분의 식물은 나름대로 빛을 많이 받을 수 있는 비법이 있단다. 지금까지 관찰한 옥수수, 담쟁이덩굴, 오이도 갖고 있는 비법이지."

"어떤 비법인데요?"

"식물에서 빛을 가장 많이 받는 부분은 잎이야. 잎을 잘

살펴보렴."

용선생의 말에 아이들은 뿔뿔이 흩어져 식물들의 잎을 관찰했다. 곽두기가 뭔가 알아낸 듯 말했다.

"선생님! 자세히 보니 식물마다 잎이 난 모양이 달라요. 어떤 규칙이 있는 것 같기도 하고요."

"예리하구나! 왜 저마다 잎이 난 모양이 다를까?"

"당연히 빛을 많이 받기 위해서겠죠!"

"하하, 맞아!"

"그런데 잎이 이렇게 나 있으면 정말 빛을 많이 받을 수 있나요? 잎들이 겹쳐 있잖아요."

"그럼 햇빛이 내리쬐는 쪽에서 식물을 한번 내려다보렴.

▶ 옆에서 본 식물의 잎이 난 모양

옆에서 볼 때랑 무엇이 다른지 말이야."

아이들은 마치 자신이 해가 된 듯 위에서 식물을 내려다보며 식물들의 잎이 난 모양을 관찰했다.

"옆에서 볼 때에는 잎들이 겹쳐 보였는데, 해가 비치는 위쪽에서 보니까 잎들이 덜 겹쳐 있고, 하나하나가 잘 보여요."

"그렇지! 식물의 잎은 여러 가지 모양으로 서로 겹치지 않게 나. 그래야 모든 잎이 빛을 골고루 많이 받을 수 있거든. 식물은 대부분 각자의 잎 모양과 크기, 개수에 맞춰 빛을 많이 받을 수 있게 잎이 난단다."

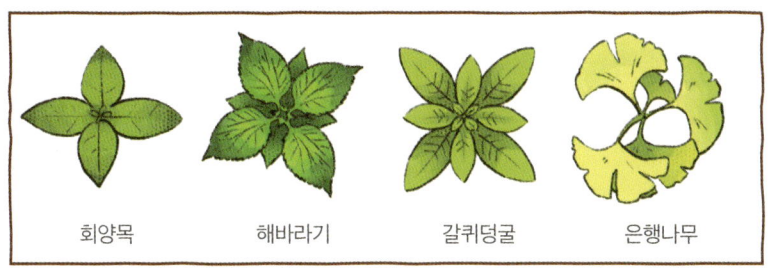

회양목　　해바라기　　갈퀴덩굴　　은행나무

▲ **위에서 본 식물의 잎이 난 모양** 잎이 겹치지 않아 빛을 잘 받을 수 있어.

**핵심정리**

대부분의 식물은 저마다 빛을 골고루 많이 받을 수 있는 형태로 잎이 나.

## 식물은 어떻게 변해 왔을까?

"선생님! 식물이 생각보다 꽤 똑똑하네요. 아무리 빛을 많이 받기 위해서라지만, 어떻게 자신의 모습을 바꿀 생각을 했을까요?"

장하다가 이마의 땀을 닦으며 물었다.

"환경에 적응해 모습이 변한 건 식물 스스로 결정한 게 아니야."

"네? 그게 무슨 소리예요?"

"식물도 사람처럼 생김새나 특성이 저마다 달라. 그런데 그러한 특성은 식물 스스로 자신을 변화시킨 것이 아니라 부모에게 물려받거나 우연히 생겨난 것이지. 오늘 우리가 본 옥수수나 담쟁이덩굴도 변화한 환경에 유리한 특성을 가지고 태어난 덕에 운 좋게 살아남은 거야."

"식물 스스로 바꾼 게 아니라, 유리한 특성을 타고난 것들이 살아남은 거네요?"

"그렇지. 옥수수를 예로 들어 볼까? 버팀뿌리를 가진 옥수수는 태풍이 불거나 햇빛이 부족한 환경에서도 견딜 수 있었어. 그래서 버

팀뿌리가 없는 옥수수보다 더 많은 자손을 남겼지. 그 결과 오늘날에는 버팀뿌리를 가진 옥수수만 남게 되었어."

"우아! 몇몇 옥수수만 가지고 있던 특성이 옥수수 전체의 특성이 된 거네요!"

"맞아. 이와 같이 어떤 생물 집단이 오랜 세월 동안 살아남기 유리하게 바뀌는 것을 '생물의 적응'이라고 해."

"우리도 해가 바뀔 때마다 새로운 반에 적응하는데, 생물들도 새로운 환경에 적응을 하는군요."

"그렇지. 그런데 이거 아니? 생물의 적응은 지금도 계속되고 있단다. 지금은 살아가기에 유리한 특성이라도 환경이 바뀌면 불리하거나 필요 없어질 수도 있고, 지금과는 다른 새로운 특성이 필요해질 수도 있거든."

"아주 먼 미래에 환경이 지금과 많이 달라지면 사람도 전혀 다른 모습일 수 있겠다!"

용선생과 아이들은 각자 재미난 상상에 빠져 피식피식 웃었다.

어떤 생물 집단이 오랜 세월 동안 자신이 살아가는 환경에 유리한 생김새나 특성으로 바뀌는 것을 생물의 적응이라고 해.

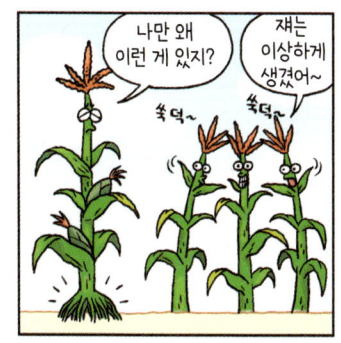

# 나선애의 정리노트

## 1. 생물의 적응
① 어떤 생물 집단이 오랜 세월 동안 살아남기 유리하게 바뀌는 것.
② 생물의 적응은 현재도 진행 중이며, 앞으로도 계속 진행될 것.

## 2. ⓐ 을 많이 받기 위해 적응한 식물의 모습

ⓑ 버팀뿌리가 줄기를 받침.

ⓒ 부착뿌리로 주변 물체에 달라붙음.

ⓓ 덩굴손으로 주변 물체를 감고 올라감.

대부분의 식물들 잎이 해를 향해 서로 겹치지 않게 남.

ⓐ 빛 ⓑ 옥수수 ⓒ 송악 ⓓ 오이 (뒤집힌 텍스트)

# 과학퀴즈 달인을 찾아라!

●정답은 131쪽에

## 01

친구들이 이번 시간에 배운 내용에 대해 이야기하고 있어. 옳으면 O, 옳지 않으면 X를 표시해 줘.

① 옥수수는 버팀뿌리가 있어서 빛을 많이 받을 수 있어. (    )
② 오이는 덩굴손이 있어 빛을 많이 받을 수 있어. (    )
③ 빛에 적응한 식물들은 잎이 난 모양이 같아. (    )

## 02

아래 문장에서 괄호에 들어갈 말을 순서대로 이으면 어떤 모양이 나올 거야. 답을 찾아서 어떤 모양이 나오는지 그려 봐.

(            )는 잎들이 서로 어긋난 모양으로 나고, (            )는 잎들이 한곳에서 뭉쳐서 나. (            )은 잎들이 마주한 모양으로 나.

출발 | 도착

회양목

해바라기

은행나무

> 2교시 | 식물과 물

# 바오바브나무 줄기는 왜 굵을까?

"이 식물원에 바오바브나무가 있대. 너무 기대되지 않니?"

식물원에 도착하자 나선애가 한껏 기분이 들떠 말했다.

"바오바브나무? 누나, 그게 뭐야?"

"동화《어린 왕자》에 나오잖아. 어린 왕자의 별을 모두 덮어 버릴 수도 있어서 어린 왕자가 매일 뽑아내야 한다는 나무가 바로 바오바브나무야."

"정말? 나도 책에서 본 것 같아! 그 나무가 실제로 있었구나."

"선생님! 동화를 보면 바오바브나무의 줄기가 엄청 굵던데 왜 그런 거죠?"

나선애가 큰 소리로 물었다.

## 물이 부족한 곳에서 살아남는 법

"하하, 선애가 평소에 바오바브나무에 대해 관심이 많았구나. 바오바브나무는 동화에서처럼 매우 굵은 줄기를 갖고 있어. 이 굵은 줄기는 바오바브나무가 사는 곳과 관련 있지."

"바오바브나무가 어디에 사는데요?"

"바오바브나무는 대부분 선인장이 사는 사막처럼 건조한 지역에서 살아."

"건조한 곳에 사는 식물들은 다들 생김새가 특이한가 봐요. 선인장도 특이하게 생겼잖아요."

"맞아. 물이 부족한 곳에는 생김새는 물론이고 사는 방법도 특이한 식물이 많아. 먼저 선인장을 보며 선인장이 물이 부족한 환경에 어떻게 적응했는지 살펴보자. 그러다 보면 바오바브나무의 줄기가 굵은 까닭도 이해할 수 있을 거야."

"와, 좋아요!"

아이들은 신이 나서 선인장 전시장으로 뛰어갔다.

"와! 저게 선인장 뿌리예요? 땅 위로 나온 부분보다 대여섯 배 이상 긴 것 같아요. 왜 저렇게 뿌리가 땅속 깊은 곳까지 내려간 거예요?"

 **용선생의 과학 현미경**

바오바브나무는 마다가스카르, 아프리카, 호주의 일부 지역에 살아. 이곳은 비가 1년 중 일주일에서 한 달 동안 집중적으로 내려. 나머지 시기는 비가 거의 내리지 않아 무척 건조해.

▲ 사막에 사는 선인장

"사막의 땅은 대부분 모래나 자갈로 되어 있어 알갱이 사이의 틈이 많아. 그래서 비가 내리면 빗물이 땅에 머물지 못하고 수많은 틈새로 빠르게 통과해 깊은 곳으로 내려가. 게다가 비가 멈추면 땅에 스며들었던 물은 빠르게 증발해 버리지."

"헉! 그럼 물을 어디서 구해요?"

"다행히 땅속 매우 깊은 곳에는 증발하지 않은 물이 있어. 또 어떤 곳은 사막이 되기 전에 흘렀던 물이 고여 있기도 하지. 이 물을 빨아들이기 위해 선인장의 뿌리가 매우 길게 자라는 거야."

"아하, 그렇군요. 그러면 저 선인장은 뭐예요? 뿌리가 아래로 긴 게 아니라 옆으로 넓게 뻗어 있어요."

"저 선인장은 빗물이 땅속 깊은 곳으로 들어가기 전에 사방으로 뻗은 뿌리로 물을 재빨리 빨아들여!"

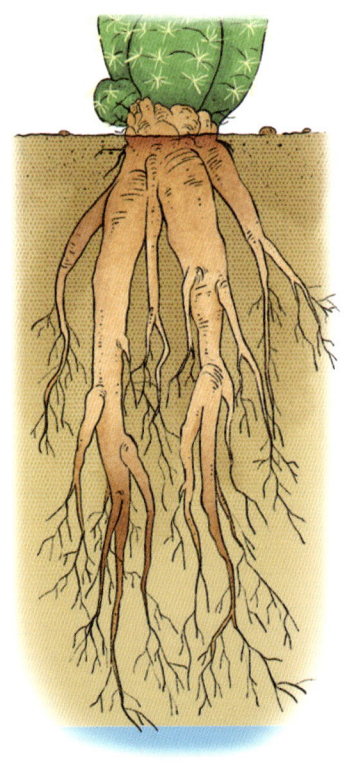

▲ 땅속 깊게 뻗은 선인장의 뿌리

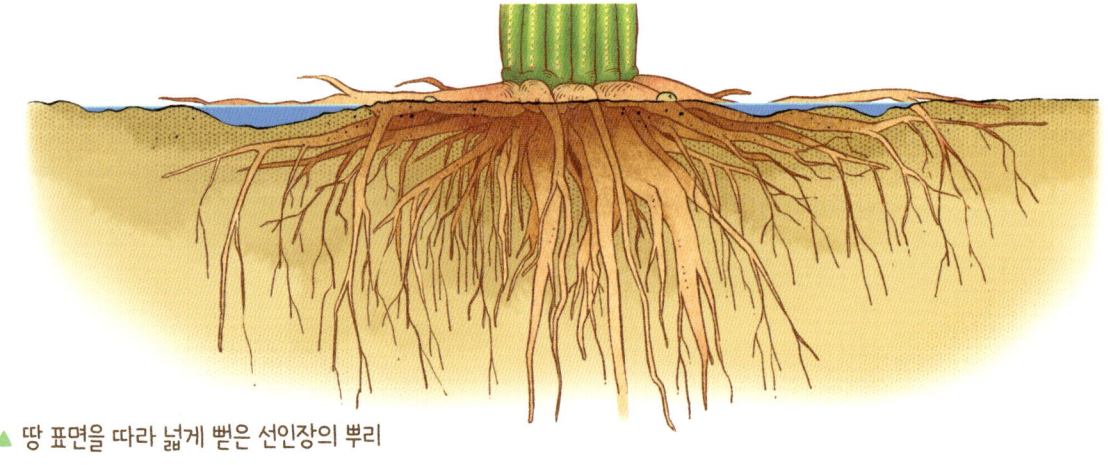

▲ 땅 표면을 따라 넓게 뻗은 선인장의 뿌리

"와, 정말 놀라워요!"

"하하, 아직 놀라기엔 일러. 선인장은 이렇게 빨아들인 물을 줄기나 뿌리 안에 차곡차곡 저장한단다."

"오, 그럼 사막을 여행하다가 목이 마르면 선인장을 먹으면 되겠네요."

"장하다, 너 못됐다. 물이 부족할 때를 대비해서 선인장이 힘들게 모은 물인데 그걸 빼앗아 먹는다고?"

"하하, 선인장 속 물을 먹으려면 먼저 가시부터 없애야 할걸?"

"아, 가시! 그러고 보니 선인장의 가시가 문제네요."

"맞아, 선인장의 가시는 장하다처럼 물을 빼앗으려는 다른 동물의 공격으로부터 스스로를 지키는 역할도 하지. 그런데 그보다 더 중요한 역할이 있어. 가시는 몸속의 물이 밖으로 빠져나가는 것을 막아 줘."

"가시랑 물이 무슨 관계가 있는데요?"

"식물의 잎에는 기공이라고 부르는 수많은 구멍이 있어. 기공은 열리거나 닫힐 수 있는데, 기공이 열릴 때마다 몸속의 물이 조금씩 공기 중으로 빠져나가. 특히 날씨가 덥고 건조할수록 물이 잘 빠져나가지."

"헉! 사막에서는 물이 엄청 소중한데 기공으로 자꾸 빠

▲ 선인장을 먹고 있는 이구아나

**나선애의 과학 사전**

**기공** 기체 기(氣) 구멍 공(孔). 식물의 잎과 줄기에 나 있는 매우 작은 구멍으로 이산화 탄소, 산소, 수증기 같은 기체가 드나들어. 기공은 1cm의 $\frac{1}{100}$ 정도 크기밖에 되지 않아.

져나가면 큰일이잖아요!"

"맞아! 그래서 사막에서는 잎이 작고 기공의 수가 적은 식물이 살아남기 유리해. 그렇다 보니 선인장도 점점 기공의 수가 줄고 잎도 작아지다가 결국 가시로 변한 거야."

"헉, 가시가 원래 잎이었다니. 그럼 잎이 사라지면서 기공도 전부 사라졌겠네요?"

"그건 아니야. 선인장도 식물이니까 산소, 이산화 탄소, 수증기 등 식물이 살아가는 데 꼭 필요한 기체들이 기공으로 드나들어야 하거든. 선인장의 기공은 줄기에 있어. 게다가 물이 충분한 지역에 사는 일반 식물보다 기공의 수가 훨씬 적고 모양도 다르지."

식물의 기공 사진을 뚫어져라 보던 나선애가 외쳤다.

"우아! 일반 식물은 기공이 볼록 튀어나와 있는데, 선인장은 오히려 쑥 들어가 있네요."

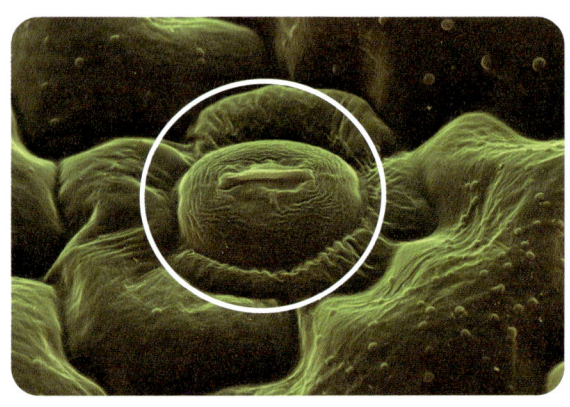

▲ **일반 식물** 기공이 볼록 튀어나와 있어.

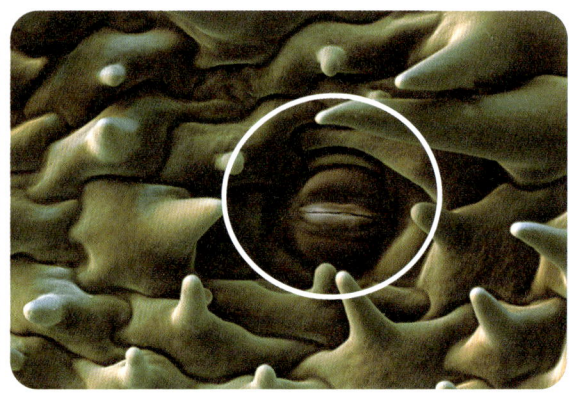

▲ **선인장** 기공이 움푹 들어가 있어.

"맞아. 주변 공기가 건조할수록 물이 잘 빠져나가니까 선인장의 기공은 바깥 공기와 잘 닿지 않게 움푹 들어가 있어. 게다가 일반 식물은 빛을 이용해 잎에서 영양분을 만들지만, 선인장은 잎이 없기 때문에 줄기에서 영양분을 만들어."

"줄기에서요? 와, 선인장의 적응이 정말 놀랍네요."

핵심정리

선인장은 뿌리 모양을 변화시키고 잎을 가시로 만들어 건조한 환경에 적응했어.

너도 식물이었어?

"선인장은 덥고 건조한 환경에 적응해 잎, 줄기, 뿌리가 이렇게 독특하게 변했어. 그런데 사막에 사는 어떤 식물은 생김새뿐 아니라 살아가는 방법까지 바꾸었단다."

"살아가는 방법을 바꾸었다면, 동물처럼 겨울잠이라도 자나요? 하하."

"오, 비슷해. '예리코의 장미'라는 식물은 주변에 물이 오

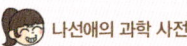
**나선애의 과학 사전**

**휴면** 쉴 휴(休) 잘 면(眠). 살기 힘든 환경에 처한 생물이 생명 활동을 잠시 멈추는 것을 말해.

랫동안 없으면 휴면에 들어간단다. 몸 전체가 바짝 마르며 공 모양으로 동그랗게 오그라들고 뿌리째 땅에서 뽑혀 바람을 따라 굴러다니지."

"이게 장미라고요? 쓰레기인 줄 알았어요."

"하하, 쓰레기처럼 보일 법도 해. 하지만 이렇게 굴러다니다가 우연히 물이 있는 곳이나 비를 만나면 말려 있던 몸을 꽃처럼 펼치며 속에 감춰 둔 씨를 주변에 퍼뜨리지. 이렇게 꽃처럼 펼쳐지는 모습이 장미와 비슷하다 해서 예리코의 장미란 이름이 붙은 거란다. 게다가 이 씨들은 쑥쑥 자라 2주에서 3주 만에 꽃을 피우고 새로운 씨까지 만들어."

"와, 그렇게 빨리 자라서 새로운 씨까지 만들다니, 정말 대단하네요."

그때 나선애가 조심스레 용선생에게 물었다.

"저기요, 선생님. 그런데 바오바브나무 줄기가 왜 굵은지는 언제 설명해 주실 거예요?"

▲ 휴면에 들어간 예리코의 장미

▲ 휴면에서 깨어나는 예리코의 장미

▼ 예리코의 장미가 휴면에서 깨어나는 과정

**1** 휴면에 들어간 예리코의 장미가 땅에서 뽑혀 바람을 따라 굴러다녀.

**2** 우연히 물을 만나면 몸이 펼쳐지며 주변으로 씨를 퍼뜨려.

**3** 씨는 순식간에 자라서 꽃을 피우고 새로운 씨를 만들어.

 핵심정리

예리코의 장미는 주변에 물이 없을 땐 휴면하다가 물을 만나면 깨어나 씨를 퍼뜨리는 방법으로 환경에 적응했어.

▲ 바오바브나무 일반 나무에 비해 줄기가 매우 굵어. 이 안에는 1L 들이 물통 100,000개나 되는 양의 물이 저장되어 있지.

 ## 바오바브나무는 왜 그렇게 뚱뚱할까?

"하하. 그럼 이제 바오바브나무를 보러 갈까?"

용선생의 말이 끝나자 아이들은 신이 나 뛰어갔다.

"바오바브나무는 선인장처럼 비가 내릴 때 물을 최대한 많이 저장해 둬. 바로 줄기에 말이야!"

"아, 그래서 줄기가 그렇게 굵은 거군요!"

"그렇지. 비가 잘 내리지 않는 곳에 사는 바오바브나무일수록 물을 더 많이 저장하기 때문에 줄기가 더 굵어. 그래서 어떤 바오바브나무는 10만 L(리터)가 넘는 물을 저장하기도 해."

"헉, 그렇게나 많이요? 10만 L라니."

"바오바브나무가 사는 곳은 사막처럼 물이 부족하다면서요? 그런데 그 많은 물을 어디서 어떻게 구해요?"

"좋은 질문이야. 그 첫 번째 비밀은 바오바브나무의 뿌리에 있어."

용선생은 식물도감을 펼쳤다.

"이게 바오바브나무의 뿌리야."

"어? 아까 본 선인장의 뿌리와 비슷하네요. 물이 땅속으

▲ 바오바브나무의 뿌리

로 스며들기 전에 빨아들일 수 있겠어요!"

"그렇지. 바오바브나무는 비가 내릴 때 넓게 뻗은 뿌리로 물을 한 번에 흡수해. 그뿐만 아니라 비가 오랫동안 내리지 않을 때에는 몸속의 물이 빠져나가는 걸 막기 위해 일부러 모든 잎을 떨어뜨리기도 하지. 잎의 기공으로 물이 빠져나가는 걸 막기 위해서 말이야."

"잎이 없으면 영양분을 어디서 만들어요?"

"이 시기엔 바오바브나무도 선인장처럼 줄기에서 영양분을 만들어."

"아, 물을 최대한으로 빨아들이면서 물이 빠져나가는 걸 최대한 막으니까 물을 많이 모을 수 있는 거군요."

다들 이해가 된다는 듯 고개를 끄덕였지만 나선애는 아

직도 의문이 풀리지 않는다는 표정으로 말했다.

"그래도 그렇지! 이렇게 커다란 바오바브나무가 어떻게 물을 쓰지 않고 저장만 할 수 있어요?"

"좋은 지적이야! 바오바브나무가 이렇게 커지려면 아주 많은 물이 필요하기 때문에 성장과 호흡 같은 생명 활동을 매우 천천히 조금씩 하지. 죽은 게 아닐까 하는 착각이 들 정도로 말이야."

"죽은 걸로 착각할 정도면 잠든 거나 다름없네요."

"맞아. 바오바브나무는 평생을 휴면에 가까운 상태로 살

기 때문에 사용하는 물의 양보다 더 많은 물을 저장할 수 있는 거야. 그리고 1,000년이 넘게 살 수도 있지."

"1,000년이요? 와, 그렇게 오래 살아요? 그럼 가장 오래된 바오바브나무는 몇 살이에요?"

"현재 가장 오래된 바오바브나무는 무려 6,000살이야. 지금으로부터 6,000년 전이라면 신석기 시대지."

"우아! 6,000살이라니!"

"이제 다들 바오바브나무에 대한 궁금증이 풀렸니?"

용선생이 묻자 곽두기가 대답했다.

"네. 동화 속에서 어린 왕자가 바오바브나무의 싹을 열심히 뽑은 까닭을 알 것 같아요. 바오바브나무의 거대한 뿌리가 뻗어 나가면 어린 왕자의 조그만 별에 구멍이 나 산산조각 날 테니까요."

"하하, 정말 그러네."

**핵심정리**

바오바브나무는 땅 표면을 따라 넓게 뻗은 뿌리로 빗물을 재빠르게 빨아들여 줄기에 저장해. 또, 물을 적게 쓰기 위해 성장과 호흡을 매우 느리게 하지.

# 나선애의 정리노트

## 1. 선인장

| 생김새 | 살아가는 방법 |
|---|---|
| • 잎을 ⓐ ____ 로 바꿔 몸속의 물이 빠져나가는 것을 막음.<br>• 줄기에 기공이 있으며, 기공은 움푹 들어가 있음.<br>• 뿌리가 땅 표면을 따라 넓게 뻗거나 땅속 깊숙이 뻗어 자람. | • 줄기에서 영양분을 만듦.<br>• 줄기나 뿌리에 ⓑ ____ 을 저장함. |

## 2. 예리코의 장미

| 생김새 | 살아가는 방법 |
|---|---|
| • 휴면에 들어가면 몸 전체가 바짝 마르며 공 모양으로 오그라듦. | • 주변에 물이 없으면 휴면에 들어가고, ⓒ ____ 을 따라 굴러다님.<br>• 물을 만나면 깨어나 씨를 퍼뜨림. |

## 3. 바오바브나무

| 생김새 | 살아가는 방법 |
|---|---|
| • 흡수한 물을 줄기에 저장하여 줄기가 매우 굵음.<br>• 뿌리가 땅 표면을 따라 넓게 뻗어 자람. | • 비가 안 내리면 ⓓ ____ 을 떨어뜨려 몸속의 물이 빠져나가는 것을 막음.<br>• 잎이 없을 때는 줄기에서 영양분을 만듦.<br>• 호흡이나 성장과 같은 생명 활동을 매우 천천히 함. |

답 ⓐ 가시 ⓑ 물 ⓒ 바람 ⓓ 잎

# 과학퀴즈 달인을 찾아라!

●정답은 131쪽에

## 01

친구들이 이번 시간에 배운 내용에 대해 이야기하고 있어. 옳으면 O, 옳지 않으면 X를 표시해 줘.

① 바오바브나무는 매우 천천히 성장하고 호흡해. (　　)
② 바오바브나무는 뿌리를 땅속 깊은 곳까지 뻗어 물을 빨아들여. (　　)
③ 바오바브나무는 몸속의 물이 빠져나가지 못하게 잎들을 떨어뜨리기도 해. (　　)

## 02

아래의 글을 읽고 빈칸에 들어갈 말을 네모칸 안에서 찾아 동그라미로 표시해 봐.

① 나 선인장은 뿌리를 땅속 깊숙이 뻗거나 땅 표면에 넓게 뻗어 물을 빨아들이고, □□ 나 뿌리에 물을 저장해.

② 난 물이 부족할 땐 휴면을 하다가, 물을 만나면 휴면에서 깨어나 씨를 퍼뜨려. 내 이름은 □□□ 의 장미야.

| 예 | 물 | 사 | 장 |
|---|---|---|---|
| 리 | 체 | 장 | 미 |
| 코 | 피 | 옆 | 집 |
| 털 | 보 | 줄 | 기 |

**교과연계**

초 **3-1** 동물의 한살이
초 **6-1** 식물의 구조와 기능

1. 식물과 빛
2. 식물과 물
3. 공생
4. 기생
5. 동물과 환경
6. 동물과 먹이
7. 동물의 위장

곽두기가 과일 봉투를 들고 오며 말했다.

"선생님, 이거 하나 드세요. 말린 무화과예요."

"오! 나도 무화과 좋아하는데. 고맙다."

"저는 오늘 무화과를 처음 먹어 보는데, 너무 맛있더라고요."

"하하, 그러니? 무화과는 맛도 있지만, 이름과 관련된 흥미로운 사연도 있지."

"뭔데요?"

용선생의 말에 아이들의 눈이 반짝반짝 빛났다.

 무화과는 꽃이 없다고?

"무화과라는 이름의 뜻부터 생각해 보자. 무화과는 왜

무화과란 이름을 가지게 되었을까?"

곽두기가 톡 나서며 대답했다.

"혹시 '무' 자가 없을 무(無)인가요? 그렇다면 무언가가 없는 식물이라는 뜻인데……."

"맞아. 무화과는 없을 무(無), 꽃 화(花), 열매 과(果) 자를 써서, 꽃이 없는 열매를 뜻해."

"헉! 꽃이 없다니, 너무 슬픈데요."

허영심의 말에 용선생이 씩 웃으며 말했다.

"사실 무화과도 꽃을 피운단다. 식물은 꽃이 있어야 열매와 씨가 생기니 말이야. 다만 무화과는 눈에 띄지 않는 곳에서 꽃을 피워. 그래서 옛날 사람들은 꽃이 없는 줄 알고 무화과란 이름을 붙인 거야."

"꽃이 어디에 있는데요?"

▲ 무화과나무

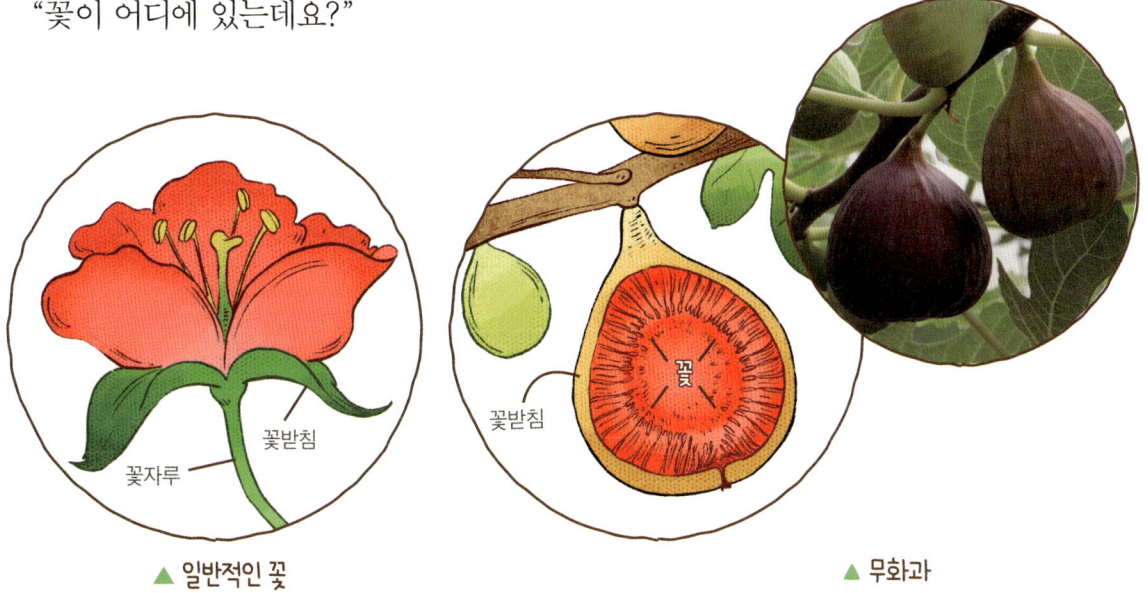
▲ 일반적인 꽃　　　▲ 무화과

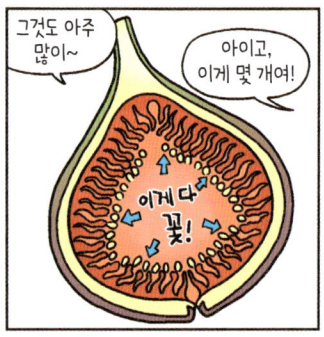

"바로 무화과 열매 안에 있어. 무화과는 여느 꽃과 달리 꽃받침이 열매의 껍질처럼 변했어. 이 꽃받침 안에 꽃이 있는 거야."

"정말요? 아무리 봐도 열매처럼 생겼는데요?"

"무화과꽃이 열매로 변하면 겉모습은 큰 변화가 없지만 속에서는 씨가 생겨."

"그러면 무화과는 한때 꽃이었던 것이 열매가 된 거로군요."

"그렇지."

◀ 무화과꽃

▶ 무화과 열매
꽃 아래 씨가 생겨.

**핵심정리**

무화과는 꽃이 없는 열매라는 뜻이지만 사실 둥글게 오므려진 꽃받침 안에 꽃이 피어. 이것이 나중에 열매가 되지.

## 무화과좀벌에게 무화과란?

"무화과에는 재미있는 이야기가 또 하나 있어. 바로 무화과의 꽃이자 열매가 '무화과좀벌'이라는 벌의 집이라는 거야. 신기하지?"

"네? 이 열매가 그럼 벌집인 거예요?"

"설마 우리가 벌까지 먹은 건 아니겠죠?"

"만약 야생에서 자라는 무화과를 먹었다면 그 안에서 죽은 벌까지 함께 먹었을 수도 있지."

"으악! 진짜요?"

"나 배가 아픈 것 같아!"

아이들이 배를 움켜잡으며 걱정하자 용선생이 히죽 웃으며 말했다.

"하지만 너희가 먹은 건 야생 무화과가 아니라 과수원에서 키운 무화과야. 사람이 키운 무화과에는 무화과좀벌이 살지 않아. 그러니 안심해도 돼."

"어휴, 다행이네요. 그런데 그 벌은 왜 무화과 안에서 살아요?"

"무화과좀벌이 알을 낳고 살기에 무화과처럼 좋은 곳이 없거든."

▲ **무화과좀벌** 무화과좀벌은 무화과말벌이라고도 불러.

 용선생의 과학 현미경

무화과에도 여러 종류가 있는데, 무화과좀벌이 살지 않는 종류도 있어. 우리나라 과수원에서 키우는 무화과는 벌이 사는 야생 무화과와 다른 종류야.

"네? 이렇게 조그만 열매가요?"

"하하, 무화과가 왜 무화과좀벌에게 최고의 집인지 궁금하니?"

"당연히 궁금하죠!"

"좋아. 그걸 알려면 무화과좀벌의 일생을 먼저 알아야 해. 일단 무화과좀벌 암컷이 무화과꽃 안으로 들어가면서 모든 게 시작된단다. 암벌은 무화과꽃 끝부분에 있는 아주 작은 구멍을 비집고 들어가는데 이 과정에서 날개와 더듬이가 뽑히기도 하지."

"헉! 몸의 일부가 뜯어지는데 왜 굳이 힘들게 들어가는 거예요?"

"구멍이 작아서 들어가기 힘들긴 하지만, 그 덕에 포식자나 기생충이 들어오지 못한다는 장점이 있어. 그래서 무화과좀벌에겐 무화과 속이 매우 안전한 곳이지. 또, 구멍을 비집고 들어가면서 무화과좀벌의 몸에 붙어 있는 해로운 세균이나 오염 물질들도 떨어져 나간단다."

"그렇게 힘들게 들어간 다음에는요? 또 무슨 일이 일어나요?"

"자, 무화과 속에서 무슨 일이 일어나는지 그림을 통해 알아보자."

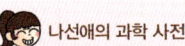

**나선애의 과학 사전**

암벌 벌의 암컷을 말해. 벌의 수컷은 수벌이라 불러.

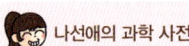

**나선애의 과학 사전**

포식자 먹고 먹히는 관계에 있는 두 종류의 생물 사이에서 잡아먹는 쪽을 말해.

① 암벌이 알을 낳을 무화과 속으로 들어가.

② 암벌은 다른 무화과의 꽃가루를 꽃에 옮겨 주고, 꽃 속에 알을 낳고 죽어.

## 무화과좀벌의 한살이

③ 수벌은 암벌보다 먼저 알에서 깨어나 꽃 속 씨를 먹으며 자라. 그리고 아직 알 속에 있는 암벌과 짝짓기를 해.

⑤ 암벌은 수벌이 뚫어 놓은 구멍을 통해 열매 밖으로 나가. 그리고 알을 낳을 무화과를 찾아 떠나지.

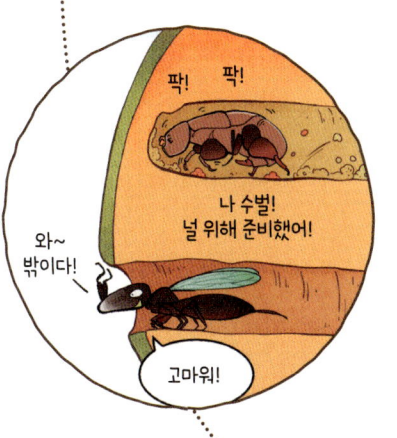

④ 암벌은 알을 품은 채로 깨어나. 이때는 몸이 거의 다 자란 상태야. 암벌은 주변의 꽃가루를 몸에 묻혀 무화과 밖으로 나갈 준비를 해.

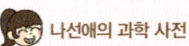

**나선애의 과학 사전**

한살이 동물이나 식물이 태어나서 죽을 때까지의 과정을 말해.

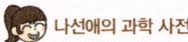

**나선애의 과학 사전**

멸종 생물의 한 종류가 완전히 없어지는 것을 말해.

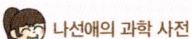

**나선애의 과학 사전**

번식 동물이 짝짓기를 하여 자손을 낳고 키우는 모든 과정을 번식이라고 해. 동물은 번식을 통해 수를 늘려.

용선생이 무화과좀벌의 한살이 그림을 보며 말했다.

"암벌은 처음에 있었던 무화과의 꽃가루를 다른 무화과의 꽃에 옮겨 주고, 그곳에 알을 낳고 죽어. 수벌은 태어나자마자 짝짓기를 한 뒤 암벌이 나갈 수 있는 구멍을 뚫어 주고 죽지."

"헐! 수벌은 태어나서 하는 일이 짝짓기와 구멍 뚫기뿐인가요? 무화과 안에서만 평생 살다니, 불쌍해요."

"그건 우리 인간의 입장에서 생각하니까 그런 거야. 만약 무화과좀벌이 무화과 안에서 살지 않고 다른 벌들처럼 바깥에서 살았다면 많은 포식자에게 잡아먹혀 멸종했을지도 몰라. 무화과좀벌은 다른 벌에 비해 크기도 아주 작고 독침도 없거든."

"아, 그러네요. 게다가 다른 벌들은 직접 집을 짓고 사는데, 무화과좀벌은 집을 지을 필요도 없네요."

"맞아. 무화과는 무화과좀벌에게 최고의 집이지. 무화과좀벌은 아주 오랫동안 무화과에 맞춰 적응해 왔어. 번식 방

▶ **무화과좀벌 암컷의 크기**
다 큰 암벌의 크기는 3mm 정도야.

법은 물론이고 생김새까지도 말이야."

"그래서 일반적인 벌들과 다르게 생긴 거군요."

"그렇지. 수벌은 평생 어둡고 좁은 무화과 안에서만 살기 때문에 앞을 볼 필요도, 날아다닐 필요도 없어졌어. 그래서 눈과 날개가 없어지고, 대신 앞다리가 구멍을 파기 쉽게 변했지."

"오호라, 그래서 두더지처럼 생긴 거군요."

"하하, 듣고 보니 정말 두더지 같네."

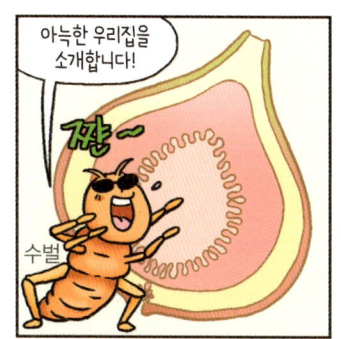

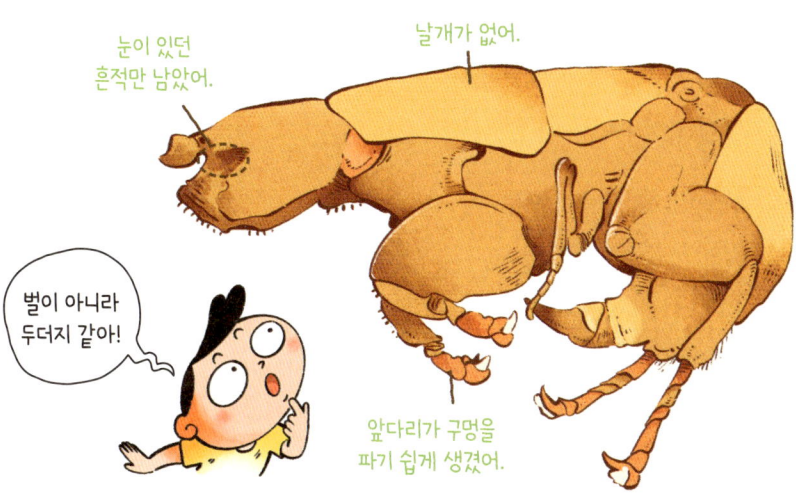

▲ 무화과좀벌 수컷

무화과는 무화과좀벌이 태어나 성장하고 번식하는 곳이야. 그래서 무화과좀벌의 번식 방법과 생김새는 무화과 열매 속 환경에 맞게 적응했어.

## 무화과에게 무화과좀벌이란?

"암벌은 수벌과는 다르게 무화과 구멍을 통과하기 쉽도록 머리가 뾰족하게 변화했어."

"오, 정말 구멍을 통과하기 쉽겠네요."

"또 암벌은 가슴에 구멍이 있는데, 여기에 무화과의 꽃가루를 담아."

"꽃가루를 왜 담아요?"

"무화과의 꽃가루받이를 도와주기 위해서야. 다른 곤충들이 꽃 속의 꿀을 먹으며 몸에 꽃가루를 묻히는 것과는 다른 방식이지."

"일부러 꽃가루를 담아 가서 다른 꽃에 묻혀 준다는 거예요? 자기 살기도 바쁠 텐데 무화과까지 챙기다니 착한 곤충이네요."

"하하, 잘 생각해 봐. 무화과는 무화과좀벌이 태어나서 자라고 알까지 낳는 집과 같은 곳이야. 게다가 포식자로부터 보호해 주는 곳이기도 하지. 결국

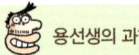

### 용선생의 과학 현미경

보통 꽃가루가 다른 꽃으로 옮겨지는 것을 꽃가루받이라 해. 무화과의 경우 다른 무화과 속 수꽃에 있던 꽃가루가 암꽃으로 옮겨져.

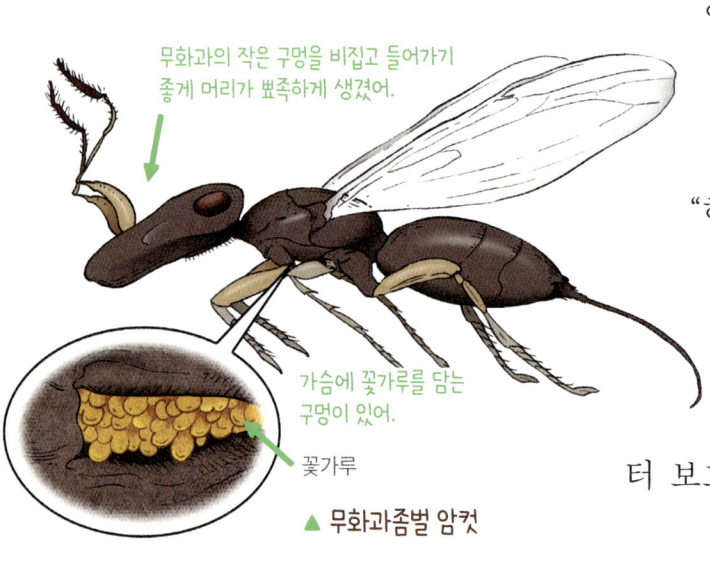

무화과의 작은 구멍을 비집고 들어가기 좋게 머리가 뾰족하게 생겼어.

가슴에 꽃가루를 담는 구멍이 있어.

꽃가루

▲ 무화과좀벌 암컷

무화과의 꽃가루받이를 도와 무화과가 더 많이 생겨야 무화과좀벌에게도 유리한 거란다."

"그런데요, 선생님! 다른 곤충이 무화과의 꽃가루받이를 도와줘도 되지 않나요? 나비나 꿀벌 같은 곤충이요."

"무화과의 작은 구멍으로 들어갈 수 있는 곤충이 거의 없기 때문에 다른 곤충의 도움을 받기는 어려워."

"이야, 무화과는 무화과좀벌에게 고마워해야겠네요."

"그래서 무화과도 무화과좀벌에게 살아갈 공간을 주고, 벌의 애벌레가 자신의 씨를 먹고 자랄 수 있게 해 줘. 게다가 무화과는 암벌이 밖으로 빠져나간 후에야 꽃을 열매로 만들어."

"왜요?"

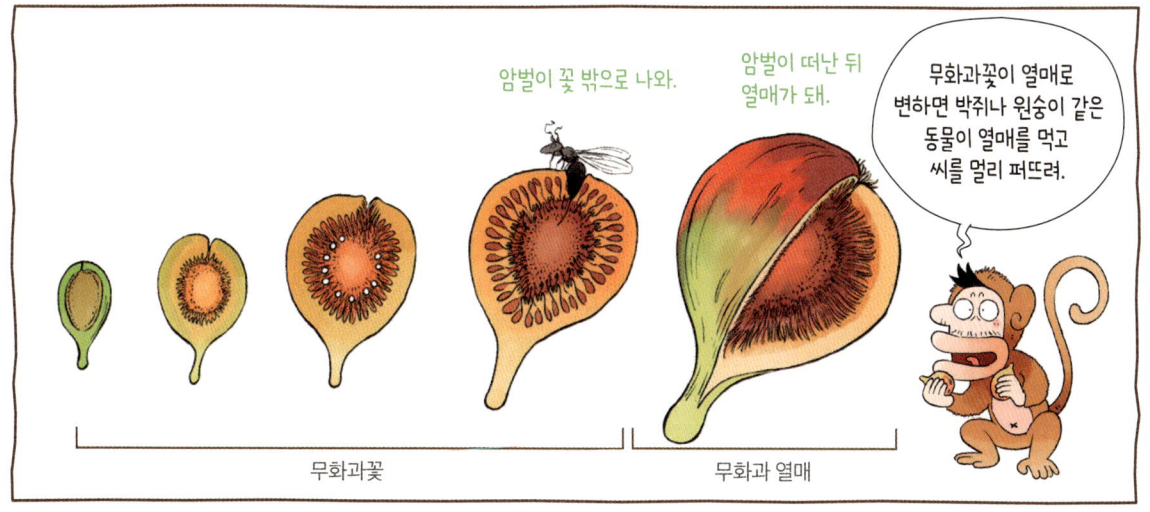

"만약 암벌이 무화과 안에 있을 때 꽃을 열매로 만들면 다른 동물이 암벌이 들어 있는 열매를 먹을 수도 있잖아."

"오, 그렇겠군요. 이야, 무화과도 벌을 위해 많은 배려를 해 주네요. 둘은 정말 떼려야 뗄 수 없는 관계군요."

"맞아. 이렇게 다른 종류의 생물끼리 오랫동안 아주 가까운 관계를 맺으며 함께 사는 것을 '공생'이라고 해. 공생에는 양쪽 모두 도움을 받는 경우부터 한쪽만 도움을 받는 경우까지 다양한 경우가 있어. 무화과와 무화과좀벌은 서로에게 도움을 주고받는 공생을 하고 있지."

"공생, 뭔지 알아요! 진딧물과 개미도 서로 도움을 주고받는 공생 관계라고 배웠어요."

"맞아, 진딧물과 개미도 공생 관계야. 진딧물은 달콤한 즙을 개미에게 주고, 개미는 진딧물을 잡아먹으러 오는 포식자를 물리쳐 주지."

"우아, 공생하면서 살면 걱정할 게 없겠어요."

 핵심정리

무화과좀벌은 무화과의 꽃가루받이를 도와. 무화과와 무화과좀벌은 다른 종류의 생물이지만 서로 도움을 주고받는 공생 관계야.

## 둘의 관계는 영원할까?

"과연 그럴까? 이런 공생 관계는 때때로 깨지기도 해."

"네? 왜요?"

"가끔 무화과좀벌이 욕심을 내어 모든 꽃에 알을 낳기도 하거든."

"그게 왜 문제가 되죠?"

"무화과좀벌이 알을 낳은 꽃의 씨는 무화과좀벌 애벌레의 먹이가 되잖아. 무화과도 씨를 만들어 번식해야 하는데 말이야."

"무화과가 무화과좀벌 때문에 피해를 보는 거네요."

"그러면 무화과는 어떻게 해요?"

"무화과는 씨 없는 열매를 일부러 떨어뜨려 무화과좀벌을 떼어 내. 열매를 만들고 유지하려면 영양분을 많이 써야 하는데, 씨가 없는 열매는 필요가 없으니 그냥 포기하는 거지."

"어머나, 무화과좀벌의 욕심으로 공생 관계가 끊기는 거군요."

"그렇지. 무화과는 지구에 나타난 지 수천 년 이상 된 아주 오래된 식물 중 하나야. 무화과가 이렇게 오랫동안 살

아남을 수 있었던 까닭은 때에 따라 이처럼 냉정하게 공생 관계를 끊어 왔기 때문이야."

"무화과와 무화과좀벌은 영원히 함께할 줄 알았는데, 정말 슬픈 현실이네요."

허영심이 눈물을 글썽이자 용선생이 허영심의 어깨를 토닥이며 말했다.

"모두가 자연의 이치란다. 환경이 어떻게 달라지느냐에 따라 무화과와 무화과좀벌의 관계는 얼마든지 달라질 수 있어. 무화과좀벌의 생김새도 지금과 달라질 수 있지. 누가 어떻게 변할지는 아무도 모르지만 말이야."

용선생은 남아 있던 말린 무화과를 집어 들며 다시 말을 이었다.

"수천 년 이상 이어진 이들의 관계가 앞으로 어떻게 달라질지는 모르겠다만, 당장 여기에 남은 무화과 열매에는 아무도 관심이 없나 보네."

"네?"

"그렇다면 남은 건 모두 내가 가져갈게! 오늘 수업은 여기까지!"

"어어, 그거 제가 아껴 먹으려고 남겨 둔 거라고요!"

**핵심정리**

무화과좀벌이 모든 꽃에 알을 낳아 번식할 수 없는 무화과 열매를 만들면 무화과는 그 열매를 떨어뜨려 공생 관계를 끊기도 해.

## 나선애의 정리노트

### 1. 무화과
① ⓐ 이 없는 열매라는 뜻
② 둥글게 오므려진 꽃받침 안에 꽃이 피고 이것이 나중에 열매가 됨.

### 2. 무화과좀벌
① 무화과 안에서 태어나 자라고 번식까지 함.
② 무화과의 꽃가루받이를 도움.

### 3. 무화과와 무화과좀벌의 적응
① 무화과는 무화과좀벌의 암컷이 꽃 밖으로 나간 뒤에 꽃을 열매로 만듦.
② 무화과좀벌의 ⓑ 은 무화과 속으로 들어가기 쉽게 머리가 뾰족하고, 가슴에 꽃가루를 담는 구멍이 있음.
③ 무화과좀벌의 ⓒ 은 눈과 날개의 기능이 없어지고, 구멍을 파기 쉽게 앞다리가 발달함.

### 4. 공생
① 다른 종류의 생물끼리 오랫동안 아주 가까운 관계를 맺으며 함께 사는 것.
② 공생에는 양쪽 모두 도움을 받는 공생, 한쪽만 도움을 받는 공생 등 다양한 경우가 있음.
③ ⓓ 와 무화과좀벌은 양쪽 모두 도움을 주고받는 공생 관계

ⓐ 꽃 ⓑ 암컷 ⓒ 수컷 ⓓ 무화과

# 과학퀴즈 달인을 찾아라!

● 정답은 131쪽에

## 01

친구들이 이번 시간에 배운 내용에 대해 이야기하고 있어. 옳으면 O, 옳지 않으면 X를 표시해 줘.

① 무화과는 이름처럼 꽃이 없는 식물이야. (　　)
② 무화과는 무화과좀벌과 공생 관계야. (　　)
③ 무화과좀벌은 무화과에 잠깐 들러 꽃가루받이만 하고 떠나. (　　)

## 02

다음은 무화과좀벌 암컷과 수컷의 모습이야. 두 그림에서 다른 부분 네 군데를 찾아봐.

| 용선생의 과학 카페 | 용선생의 한국사 카페 | 용선생의 세계사 카페 |  |

https://cafe.naver.com/yongyong

## 용선생의 과학 카페

과학계의 핵인싸,
용선생의 과학 카페에
오신 걸 환영합니다.

[ Log in ]

오늘은 어떤 재미난 지식을 올려 볼까?

MENU
물리면 아프다
화학이 화하하
생물 오징어
지구는 둥글다

# 벌레들의 지옥, 식충 식물

식물이 동물을 잡아먹는다면 믿을 수 있겠니? 그런 식물이 실제로 있어! 바로 식충 식물이야. 식충 식물은 벌레를 잡아먹고 사는 방식으로 환경에 적응했어. 이제부터 식충 식물의 대표 선수라고 할 수 있는 파리지옥에 대해 알려 줄게.

파리지옥은 아주 오래전, 다른 식물들과의 경쟁에서 밀려 새로운 곳을 찾던 중 우연히 습지에 자리 잡게 되었어. 사실 습지는 식물이 살기에 좋은 곳은 아니야. 땅이 대부분 물에 잠겨 있어서 뿌리로 숨을 쉬기가 어렵고, 식물에게 꼭 필요한 질소나 인 같은 영양분도 별로 없거든. 하지만 이런 환경 때문에 경쟁할 식물이 많지 않기도 해. 일단 습지에 적응만 한다면 자신들만의 세상이 되는 거지.

▲ 파리를 잡아먹는 파리지옥

그래서 파리지옥이 어떻게 했을까? 파리지옥은 질소와 인이 풍부한 벌레를 잡아먹도록 적응했어. 지금도 파리지옥은 땅속에 영양분이 적을수록 벌레 잡아먹는 잎의 크기를 더 크게 만들며 적응하고 있지. 영양분이 부족하면 벌레를 더 많이 잡아먹어야 하니까 말이야. 파리지옥이 벌레를 잡아먹는 식충 식물이 된 까닭, 이제 알겠지?

- 장하다의 오답을 피하는 방법
- 나선애의 야무진 실험실
- 왕수재의 아는 척 과학교실
- 허영심의 별 헤는 밤
- 곽두기의 빅뱅 따라잡기

▲ **네펜데스** 벌레들이 주머니처럼 생긴 벌레잡이통으로 떨어지면 안쪽에 고여 있는 소화액으로 벌레를 녹여 흡수해.

▲ **끈끈이주걱** 벌레들이 잎에 달린 끈끈끈적한 털에 붙으면 잎이 오므라들며 털에서 소화액이 나와 벌레를 녹여 흡수해.

### COMMENTS

- 이름 그대로 파리들의 지옥이네.
  - 내 방에도 파리지옥을 하나 들여놔야겠어.
    - 그것보다는 방 청소를 자주 하는 게 어때?

**교과연계**

초 6-1 식물의 구조와 기능
중 1 생물의 다양성

1 식물과 빛
2 식물과 물
3 공생
4 기생
5 동물과 환경
6 동물과 먹이
7 동물의 위장

장하다가 교실 창밖의 한 나무를 가리켰다.

"저 나무 좀 봐! 새 둥지가 잔뜩 달려 있는 게 무슨 새들의 아파트 같지 않냐?"

아이들의 시선이 창밖으로 향했다.

"글쎄……. 자세히 보니까 새 둥지가 아니라 잎 같은데……."

그때 아이들 사이로 용선생이 머리를 쑥 내밀었다.

"오, 그건 새 둥지가 아니라 겨우살이야."

"겨우살이요? 그게 뭐예요?"

 ### 겨우살이가 겨울에 열매 맺는 까닭은?

"겨우살이는 주로 겨울에 보이는 식물이야. 나무에 붙

어 자라서 얼핏 보면 새 둥지와 헷갈리지. 대부분의 식물이 잎을 떨어뜨리고 생명 활동을 거의 하지 않는 추운 겨울에도 겨우살이는 잎과 열매를 달고 있어."

"정말 새 둥지처럼 생겼어요. 그런데 겨우살이는 왜 추운 겨울에도 잎과 열매를 매달고 있어요?"

"지금부터 그 까닭을 차근차근 알아볼까? 식물은 씨를 만들어 멀리 퍼뜨리기 위해 열매를 만들어. 그런데 씨를 퍼뜨리기 위해서는 바람이나 물, 또는 동물의 도움이 필요하지. 겨우살이는 이 중 겨울에 활동하는 동물들의 도움을 받아."

"겨울에는 동물들도 겨울잠을 자거나 활동을 잘 안 하잖아요. 그런데 어떻게 동물의 도움을 받아요?"

"겨울잠을 자는 동물도 있지만, 겨울에도 활발하게 먹이를 먹으며 활동하는 동물도 많아. 특히 겨울새들은 먹

▲ **겨우살이를 이용한 성탄절 장식**
겨우살이는 예로부터 하늘이 내린 식물이라고 해서 각종 질병을 치료하고, 소원을 빌 때 사용되었어. 서양에서는 성탄절 장식으로 사용되기도 해.

직박구리

검은머리꾀꼬리

개똥지빠귀

▲ **겨울새** 보통 우리나라에 가을쯤 와서 겨울을 나고 봄이 되면 다른 곳으로 이동하는 철새야. 어떤 새는 한 지역에 남아 계속 살아가는 텃새가 되기도 해.

이가 부족한 겨울철에 주로 겨우살이의 열매를 먹고 그 속의 씨를 다른 나무에 옮겨 줘."

"아하, 겨울새들이 겨우살이의 씨를 퍼뜨려 주는군요!"

"맞아. 만약 겨우살이가 여름이나 가을에 열매를 맺는다면 새들의 도움을 받기 어려울 거야. 겨우살이는 주로 나무 꼭대기에서 자라기 때문에 나뭇잎이 우거지는 여름과 가을에는 새들의 눈에 잘 띄지 않거든."

▲ **계절별 겨우살이 모습** 겨울에는 겨우살이가 잘 보이지만, 여름에는 잘 안 보여.

"오, 정말 여름에는 잘 안 보이겠네요."

"또 이 시기에는 열매를 맺는 식물이 너무 많아서 겨우살이는 다른 식물들과의 경쟁에서 밀리지. 겨울이 되어 다른 식물들의 잎과 열매가 떨어져야 새들이 겨우살이를 발견해."

"이제 보니 겨우살이는 다른 식물과의 경쟁을 피해 겨울

▼ **겨우살이의 성장 과정**

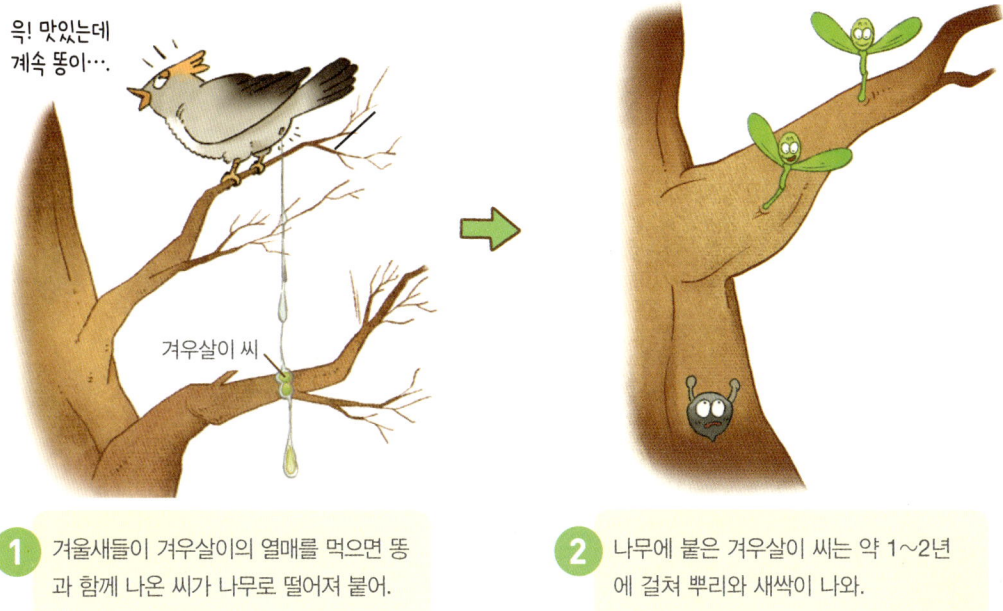

① 겨울새들이 겨우살이의 열매를 먹으면 똥과 함께 나온 씨가 나무로 떨어져 붙어.

② 나무에 붙은 겨우살이 씨는 약 1~2년에 걸쳐 뿌리와 새싹이 나와.

③ 새싹이 자라 꽃이 피면 바람이나 곤충의 도움으로 꽃가루받이가 이루어져.

④ 그 결과 열매가 생겨. 이 열매를 새들이 먹는 거야.

에 열매를 맺는 거였네요."

나선애의 말에 용선생이 고개를 끄덕였다.

"그렇지. 겨우살이가 겨울에 열매를 맺는 건 나름의 생존 방식이었던 거야."

겨울이 되어야 새들이 겨우살이 열매를 먹고 씨를 퍼뜨리기 때문에 겨우살이는 겨울에 열매를 맺어.

##  겨우살이가 겨울에 살아남는 비결

"그런데 겨우살이는 어떻게 추운 겨울에 열매를 맺을 수 있어요? 겨울에 열매 맺는 식물을 못 본 것 같은데……."

"겨울은 빛이 적고 추워서 식물들이 열매를 만들기 어려워. 하지만 겨우살이는 기생해서 살기 때문에 겨울에도 열매를 맺을 수 있어."

"기생이 뭔데요?"

"기생은 살아가는 데 필요한 영양분을 다른 생물에게서 빼앗아 살아가는 걸 말해. 이때 영양분을 빼앗는 생물을

'기생 생물'이라 하고, 기생 생물에게 영양분을 빼앗기는 생물을 '숙주 생물'이라 하지."

"그렇다면 겨우살이는 기생 식물이고, 겨우살이가 자라는 나무는 숙주 식물이군요."

"근데 겨우살이는 왜 기생해서 살아야 해요? 혼자서는 못 사나요?"

"겨우살이는 뿌리가 흙에 묻혀 있는 게 아니라서 물과 흙 속 영양분을 빨아들일 수 없어. 그래서 나무 줄기 안으로 뿌리를 뻗어 나무의 물과 영양분을 빼앗으며 살아가지. 게다가 겨울에는 열매까지 만들어야 해서 더 많은 영양분이 필요해. 그래서 나무가 여름 내내 만들어 저장한 영양분까지 조금씩 빼앗아."

"저런! 겨우살이는 나무의 거의 모든 것을 빼앗네요."

"그렇기는 하지만 햇빛이 많이 비추는 여름에는 겨우살이도 다른 식물처럼 빛을 이용해 스스로 영양분을 만들기도 해. 그래서 빛을 충분히 받을 수 있는 높은 나뭇가지에서 자라는 거야."

"와, 기생을 하면서 스스로 영양분도 만들다니. 그럼 반만 기생하는 거네요."

"맞아. 그래서 겨우살이를 '반기생 식물'이라고도 해."

"에휴, 겨우살이가 기생하는 나무는 결국 죽겠네요? 자신의 영양분을 겨우살이에게 모두 뺏길 테니까요."

"그렇지는 않아. 대부분의 겨우살이는 영양분을 한꺼번에 몽땅 빼앗지 않고 오랜 시간 동안 조금씩 빼앗으며 살아. 가끔 한 나무에 너무 많은 겨우살이가 기생해서 나무가 죽기도 하지만 그건 드문 경우이지."

"아무리 조금씩 빼앗는다고는 해도 언젠가는 겨우살이 때문에 나무가 죽을 수도 있는 거 아니에요? 이제부터 겨우살이를 발견하면 모두 없애야겠어요!"

장하다가 씩씩거리며 자리에서 일어났다.

겨우살이는 살아가는 데 필요한 영양분을 얻기 위해 다른 식물에 기생하여 살아가. 덕분에 추운 겨울에도 잎과 열매를 유지할 수 있지.

 기생하며 사는 게 나쁜 걸까?

용선생이 다급한 목소리로 말했다.

"잠깐만! 일단 내 말을 들어 보렴. 겨우살이가 숙주인

나무를 죽일 수도 있다는 것만 놓고 보면 겨우살이가 나쁜 식물인 것 같지만, 생태계에는 좋은 영향을 주기도 해."

"네? 어떻게요?"

"우선 겨우살이가 살아가는 법을 좀 더 살펴보자. 겨우살이는 주로 참나무, 소나무, 동백나무, 오리나무 등에 기생해. 어느 나무에 기생하느냐에 따라 겨우살이의 종류도 달라지지. 그런데 가끔 이 나무들 외에 새로운 나무에 기생하는 겨우살이도 발견돼. 겨우살이가 기생하는 나무가 다양해진다는 건 겨우살이의 특성이 다양하게 변하고 있다는 걸 의미하지."

"우아, 알고 보니 겨우살이의 종류가 많군요. 겨우살이는 특성이 왜 그렇게 변해요?"

"겨우살이가 나무 줄기에 뿌리를 내리는 순간 나무는 온갖 방법을 써 겨우살이가 들어오지 못하게 막아. 이런 나무의 방어를 뚫고 기생하는 데 성공하려면 이제까지와는 다른 특성이 필요해."

용선생은 사진을 띄웠다.

"이 식물들은 모두 같은 겨우살이지만 특성이 조금씩 달라. 그 결과 생김새나 수명, 꽃가루받이를 하는 시기와 방법도 모두 다르지. 이처럼 같은 종류의 생물 사이에 생

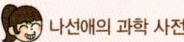 나선애의 과학 사전

**생태계** 생물이 다른 생물이나 주변 환경과 영향을 주고받으며 살아가는 세계야.

동백나무겨우살이 / 붉은겨우살이 / 참나무겨우살이 / 꼬리겨우살이

기는 서로 다른 특성을 '변이'라고 해. 이렇게 변이가 많은 생물 집단은 환경이 바뀌어도 살아남기에 유리해."

"와! 저게 다 겨우살이라니! 정말 신기해요! 그런데 겨우살이가 다양해지면 겨우살이만 좋은 거 아닌가요? 이게 생태계에 왜 도움이 된다는 거예요?"

"겨우살이의 변이가 많아진다는 건 겨우살이의 숙주도 다양해진다는 뜻이야. 겨우살이의 숙주 또한 겨우살이에 맞서 변이가 많아져. 이렇게 생물이 다양해지면 어떤 생물이 사라진다 해도 그 자리를 대신할 생물이 있으니 생태계도 더 잘 유지될 수 있지."

"오, 정말 겨우살이가 생태계에 도움이 되네요."

"그렇지. 그뿐만 아니라 겨우살이가 가끔 숙주를 죽이는 것도 생태계를 다양하게 해."

"네? 숙주를 죽이는데 왜 생태계가 다양해져요?"

"겨우살이가 주로 기생하는 큰 나무들은 빛, 물, 흙 속 영양분 등 식물이 자라는 데 필요한 자원을 독차지하고 있는 경우가 많아. 그래서 나무 주변은 풀 같은 식물이 살기 어렵지. 그런데 겨우살이가 이 나무를 없애면 그 자리에 다양한 종류의 식물이 살 수 있게 돼."

"와, 겨우살이가 나무를 죽이는 게 생태계에 도움이 될 수도 있다니, 생각지도 못한 효과네요."

"맞아. 무엇이든 나쁜 영향만 주는 생물은 없단다. 자세히 살펴보면 다 필요한 생물들이야."

그러자 장하다가 조그만 목소리로 중얼거렸다.

"아까 겨우살이를 모두 뽑아 버리겠다고 한 말은 취소예요. 모두들 잊어 주세요. 헤헤."

### 핵심정리

겨우살이는 자신과 숙주에 다양한 변이가 생기게 해. 이 때문에 생태계를 구성하는 생물의 종류가 다양해지고 생태계가 더 잘 유지될 수 있어.

# 나선애의 정리노트

## 1. 기생
① 살아가는 데 필요한 ⓐ [ ] 을 다른 생물로부터 빼앗아 살아가는 방법
② 기생 생물: 영양분을 빼앗는 생물
③ ⓑ [ ] : 영양분을 빼앗기는 생물
④ 반기생 생물: 숙주의 영양분을 뺏으면서 스스로 영양분도 만드는 생물

## 2. 겨우살이의 특징
① 다른 식물과 경쟁을 피하기 위해 겨울에 열매를 맺음.
② 겨울에 활동하는 ⓒ [ ] 의 도움으로 씨를 퍼뜨림.
③ 나무에 ⓓ [ ] 하며 영양분을 빼앗아 살아감.
④ 햇빛이 많이 내리쬐는 여름에는 스스로 영양분을 만드는 반기생 식물

## 3. 겨우살이가 생태계에 끼치는 영향
① 자신은 물론이고 숙주까지 다양한 변이를 만들게 함.
② 주변의 자원을 독차지하는 큰 나무를 죽여 그 자리에 다양한 종류의 식물들이 살 수 있게 함.
③ 생태계 내 생물의 종류를 다양하게 만들어 생태계가 잘 유지되게 함.

ⓐ 영양분 ⓑ 숙주 ⓒ 새 ⓓ 기생

 # 과학퀴즈 달인을 찾아라!

●정답은 131쪽에

## 01

친구들이 이번 시간에 배운 내용에 대해 이야기하고 있어. 옳으면 O, 옳지 않으면 X를 표시해 줘.

① 겨우살이는 빛이 약하고 추운 환경을 좋아해서 겨울에 열매를 맺어.
(     )

② 겨우살이는 숙주의 영양분을 한 번에 모두 빼앗아. (     )

③ 겨우살이의 열매를 먹은 겨울새가 겨우살이 씨를 퍼뜨려 줘. (     )

## 02

나선애가 퍼즐을 풀고 있어. 겨우살이에 대해 배운 내용을 떠올리며 아래의 단어를 완성해야 돼. 힌트를 보고 단어의 빈칸을 채워 줘.

힌트
㉠ 겨우살이는 겨□새의 도움을 받아 번식을 해.
㉡ 겨우살이는 숙주에게서 □과 영양분을 빼앗아.

개 ㉠ □  ㉡ □

| 용선생의 과학 카페 | 용선생의 한국사 카페 | 용선생의 세계사 카페 |  |

https://cafe.naver.com/yongyong

## 용선생의 과학 카페

과학계의 핵인싸,
용선생의 과학 카페에
오신 걸 환영합니다.

Log in

**MENU**

물리면 아프다
화학이 화하하
생물 오징어
지구는 둥글다

# 식물의 이름은 어떻게 지을까?

식물의 이름 중에는 오래전부터 사람들이 식물의 생김새를 보고 부르던 것이 그대로 굳어진 경우가 많아. 아래의 식물들처럼 말이야.

꽃봉오리

**붓꽃** 꽃봉오리 모양이 먹물을 머금은 붓과 비슷해서 붙여진 이름이야.

**매발톱꽃** 꽃잎이 날렵하게 아래로 향한 모습이 매의 발톱 모양과 비슷해서 붙은 이름이야.

**금어초** 꽃잎이 벌어지는 모양이 금붕어가 입을 빼끔거리는 모습과 닮아서 금어초라는 이름이 붙었어. 하지만 꽃이 시들고 나면 해골 모양으로 변해 해골꽃이라고도 불리지.

때때로 식물의 쓰임새에 따라 이름이 붙여지기도 해.

- 장하다의 오답을 피하는 방법
- 나선애의 야무진 실험실
- 왕수재의 아는 척 과학교실
- 허영심의 별 헤는 밤
- 곽두기의 빅뱅 따라잡기

**신갈나무** 옛날 나무꾼은 신고 다니던 짚신 바닥이 떨어지면 신갈나무의 잎을 깔았대. 그래서 신발에 깔았다는 뜻으로 신갈나무라는 이름이 붙었어.

**골담초** 뼈 골(骨), 책임질 담(擔), 풀 초(草)자를 써. 옛날부터 뼈가 아플 때 이 나무의 뿌리를 써서 치료했다고 해. 그래서 골담초라는 이름이 붙었지.

## COMMENTS

 나도 오늘부터 식물에 이름을 붙이고 다닐래. 두기풀 어때?

└  너 혼자 이름 붙인다고 누가 알겠어?

└  내가 같이 그 이름으로 불러 주지, 뭐.

### 5교시 | 동물과 환경

# 낙타가 사막에 적응한 방법은?

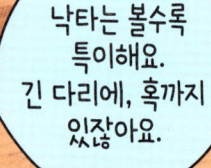
낙타는 볼수록 특이해요. 긴 다리에, 혹까지 있잖아요.

내 다리에 비해 정말 기네.

낙타가 특이하게 생긴 까닭을 함께 알아볼까?

**교과연계**

초 3-2 동물의 생활
중 2 동물과 에너지

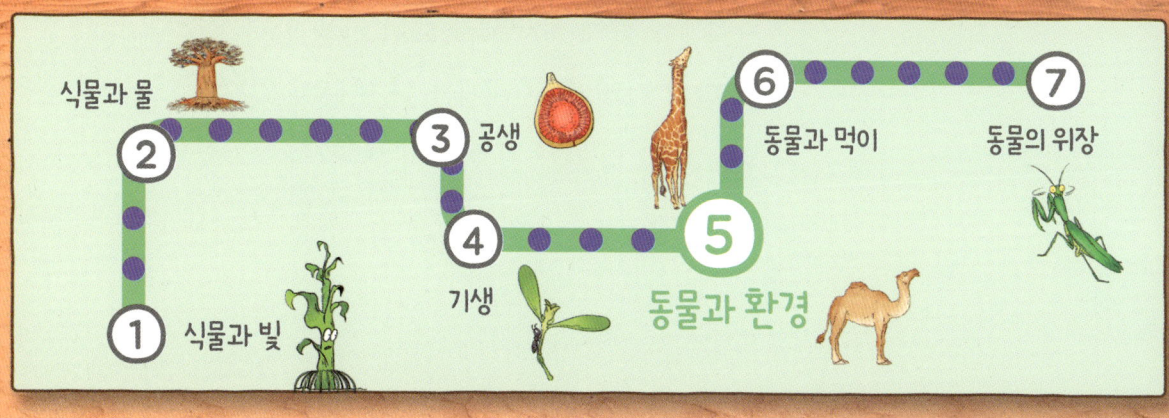

1 식물과 빛
2 식물과 물
3 공생
4 기생
5 동물과 환경
6 동물과 먹이
7 동물의 위장

"선생님! 여기예요!"

동물원 입구에서 아이들이 용선생에게 반갑게 손을 흔들었다.

"어떤 동물부터 볼지 정했어요. 바로 낙타예요. 안내문을 보니까 낙타를 직접 타 볼 수도 있대요."

나선애가 안내문을 가리키며 말했다.
"그래? 좋았어! 출발!"
용선생과 아이들은 서둘러 낙타 우리로 갔다.
"우아, 낙타 다리가 이렇게나 길었어? 정말 좋겠다."
나선애의 말에 왕수재가 잘난 척을 하며 말했다.
"낙타의 다리가 긴 데에는 다 까닭이 있지."
"아, 그래? 다리가 긴 까닭이 뭔데?"
"그, 그건……."

 ## 낙타는 왜 다리가 길까?

 나선애의 질문에 왕수재가 우물쭈물하자 용선생이 나섰다.

 "다리가 길면 사막의 더위를 피할 수 있기 때문이야. 낙타가 사는 사막은 기온이 40~50℃ 정도로 매우 높아. 특히 땅과 가까울수록 더 뜨겁지. 다행히 낙타는 1m가 넘는 긴 다리 덕분에 뜨거운 땅으로부터 몸통이 멀리 떨어져 조금이라도 시원할 수 있어."

 "에이, 고작 1m 올라간다고 얼마나 시원해지겠어요?"

 장하다가 코웃음을 쳤다.

 "땅 바로 위와 낙타의 몸통이 있는 1m 위는 기온 차이가 무려 10℃ 정도나 나. 이 정도면 엄청나게 다른 거지."

 "우아, 그 정도나 차이가 나요? 사막에서 살려면 다리가 길어야 하겠어요."

 곽두기가 까치발로 서며 말했다.

 "그렇지. 하지만 사막은

더울 뿐만 아니라 매우 건조하고 강한 모래바람이 자주 불어. 그래서 다리가 길다는 것 하나만으로는 부족하지."

"그러면 또 뭐가 필요한데요?"

곽두기의 질문에 용선생이 낙타를 가리키며 하나하나 설명하기 시작했다.

하나씩 살펴보자!

코 콧구멍을 열고 닫을 수 있어서 콧속으로 모래가 들어가지 않아.

귀 털이 많고 작아서 귓속으로 모래가 들어가지 않아.

피부 가죽이 두껍고 털로 덮여 있어서 햇빛을 반사하고 몸속으로 열이 들어오는 것을 막아.

눈 속눈썹이 길고 풍성해서 눈으로 모래가 들어가지 않아.

다리 길이가 길어서 땅의 열이 몸에 덜 전달돼.

발 발바닥이 넓어서 모래에 빠지지 않아.

"와! 정말 낙타의 콧구멍이 열렸다 닫혔! 신기하다."

"낙타는 정말 사막에서 걷기 좋겠다."

"길고 풍성한 속눈썹이 눈에 모래가 들어가는 걸 막아 줄 거라고는 생각 못 했는데 의외예요."

"이제 낙타 생김새에 대한 궁금증이 해결되었니? 낙타의 특이한 생김새는 모두 사막에 적응한 결과야."

낙타는 머리부터 다리와 발까지 생김새가 덥고 건조한 사막에서 살기 유리하게 적응했어.

 낙타는 왜 특이한 행동을 할까?

"그런데 말이다, 낙타는 사막에 적응하기 위해 생김새가 독특하게 변하기도 했지만, 특이한 행동도 한단다."

"무슨 행동이요?"

장하다가 어리둥절한 표정을 짓자 곧바로 용선생이 이어 말했다.

"사막에서는 해가 비치는 곳과 그늘의 온도가 10℃ 넘게

▲ 서로의 그늘에서 쉬고 있는 낙타들

차이 나. 물론 그늘 쪽이 온도가 더 낮아서 햇빛이 비치는 쪽보다 덜 덥지. 하지만 사막에는 그늘이 거의 없어서 낙타는 무리를 지어 다니며 각자의 몸으로 서로에게 그늘을 만들어 줘. 그늘이 드리워진 부분만이라도 더위를 피할 수 있게 말이야."

"와, 낙타들이 생각보다 똑똑하네요."

"그런데 만약 낙타가 혼자 있을 때에는 어떻게 해요? 혼자서는 그늘을 만들 수가 없잖아요."

곽두기가 걱정스럽게 묻자 용선생이 웃으며 말했다.

"하하, 혼자 있을 때에도 그늘을 만드는 방법이 있지. 머리를 해를 향해 치켜든 뒤 뒤로 젖히는 거야. 이렇게 하면 뜨거운 햇빛으로부터 뇌를 보호할 수 있고, 머리의 그림자

▲ 머리를 젖혀 몸통에 그늘을 만드는 낙타

가 몸통에 드리워져 조금이나마 시원해지지. 어때? 정말 똑똑하지?"

"와! 낙타들이 제법이네요. 그런 걸 알다니."

"그런데요, 낙타들은 저 긴 다리로 모래 위에서 참 우아하게 걷는 것 같아요."

낙타를 뚫어지게 쳐다보던 허영심이 말했다.

"하하, 낙타가 천천히 걷기 때문에 우아해 보이는 것일 수도 있어. 사실 낙타는 매우 빨리 걸을 수 있지만, 햇빛이 쨍쨍 내리쬐는 사막에서는 몸의 온도가 지나치게 올라가는 것을 막기 위해 일부러 천천히 걷는단다."

"천천히 걸으면 왜 몸의 온도가 일정하게 유지되나요?"

"생물의 몸은 움직임이 크고 많을수록 근육을 더 많이 사용하기 때문에 체온이 높아져. 그래서 천천히 걸으면 빨리 걸을 때보다 움직임이 적어 체온이 덜 올라가는 거야."

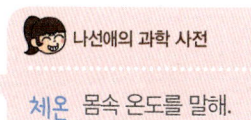

나선애의 과학 사전

체온 몸속 온도를 말해.

그때 낙타가 걸음을 멈추더니 오줌을 누기 시작했다.

"으악! 낙타가 자기 다리에 오줌을 누고 있어요!"

"하하, 다리에 오줌을 누는 행동도 더위를 식히는 낙타만의 방법이란다."

"네? 말도 안 돼요!"

"사막같이 덥고 건조한 곳에서는 오줌이 금세 말라. 오줌

과 같은 액체는 마르면서 주변의 열을 빼앗아 가기 때문에 낙타의 체온이 낮아지지."

"아, 물놀이를 하고 나오면 물이 마르면서 시원한 느낌이 들잖아요! 그거랑 비슷한 건가요?"

"그렇지. 사실 사막은 날씨가 무척 더워서 동물들이 몸의 온도를 일정하게 유지하기가 무척 어려워. 하지만 낙타는 그러한 사막의 환경에 맞게 생김새가 변하고, 더위를 피하는 요령도 터득했기 때문에 살아남을 수 있었던 거야."

핵심정리

낙타는 자신의 몸으로 시원한 그늘을 만들고 천천히 걸으며 몸의 온도를 일정하게 유지해. 또 자신의 몸에 오줌을 누어 몸의 온도를 낮추기도 하지.

 ## 낙타의 또 다른 생존 비법은?

낙타를 관찰하던 곽두기가 갑자기 외쳤다.
"우아!"
"왜? 뭐 신기한 거라도 있어?"
아이들이 곽두기 쪽으로 몰려갔다.

"저 통에 가득 차 있는 물을 낙타가 단숨에 마셨어. 물이 엄청 많았는데 말이야!"

"정말? 대단하다!"

뒤따라온 용선생이 웃으며 말했다.

"저 정도는 아무 것도 아니야. 낙타는 자기 몸무게의 $\frac{1}{3}$에 해당하는 양의 물을 한 번에 마실 수 있어. 대략 2L짜리 페트병 100개에 들어 있는 양이지."

"우아! 페트병 100개나 되는 양의 물을 한 번에요?"

"완전 물 먹는 낙타네."

"이렇게 많은 물을 마시고 나면 열흘 정도 물을 마시지 않아도 살 수 있단다."

"네? 열흘이나요? 그렇게 많은 물을 한 번에 마시는 까

낙이 뭐예요?"

"사막에선 물을 찾기 힘들기 때문이지. 그래서 물이 있을 때 미리 충분히 마셔 두는 거야. 사실 낙타는 물 말고 먹이도 한 번에 많이 먹어. 사막은 모래땅으로 된 데다 비도 잘 내리지 않아서 낙타가 먹을 수 있는 식물이 거의 없거든. 그러니까 먹이가 있을 때 최대한 많이 먹어 두고 조금씩 쓰는 거지."

"한 번에 많이 먹고 조금씩 쓰려면 몸속에 저장해야 하잖아요. 낙타 몸속에 창고라도 있나요?"

"푸하하! 몸속에 창고가 어디 있냐?"

"바오바브나무는 줄기에 물을 저장하잖아!"

"어? 정말 그러네. 낙타도 몸속에 물이나 영양분을 저장하나요?"

용선생은 웃으며 낙타 등의 혹을 가리켰다.

"낙타가 먹은 물과 먹이는 몸속에서 지방으로 바뀌어 주로 등에 저장돼. 그러면서 등에 혹이 생기지. 사람을 비롯한 동물 대부분이 지방을 몸 전체에 골고루 나눠 저장하는 것과는 매우 달라."

"오호, 그럼 물과 먹이를 많이 먹을수록 낙타 등의 혹도 커지겠네요."

"그렇지. 반대로 낙타는 물과 먹이를 오랫동안 먹지 못할 때 혹에 저장된 지방을 몸에 필요한 영양분과 물로 조금씩 바꾸어서 사용해. 그러면 혹에 저장된 지방이 줄어드니 혹의 크기도 작아지지."

"낙타는 든든하겠어요. 언제든 혹에서 영양분과 물을 얻을 수 있으니까요."

"그렇다 해도 낙타는 몸속에 저장된 영양분과 물을 매우 아껴 써야 해. 특히 물은 더 그렇지. 또 언제 먹을 수 있을지 모르니 말이야."

◀ **낙타의 혹** 낙타가 물과 먹이를 충분히 먹으면 혹의 무게만 35kg이 넘기도 해.

▲ **낙타똥** 낙타똥을 납작하게 눌러 연료로 사용해.

용선생은 낙타 우리 한쪽에 쌓여 있는 똥을 가리켰다.

"낙타는 몸속의 물을 최대한 아끼면서 땀과 오줌, 똥을 내보내기 때문에 이 속에 물이 아주 적어. 물이 적으면 땀과 오줌이 진해지고, 냄새도 더 지독해진단다. 하지만 그 덕분에 똥에 불이 잘 붙어서 연료로 사용하기도 해."

"으윽! 여기까지 냄새가 나는 것 같아."

곽두기가 코를 움켜쥐며 호들갑을 떨자 허영심이 차분한 표정으로 말했다.

"낙타는 정말 사막에서 살기 위해 태어난 동물 같아요. 지독한 냄새가 나는 오줌을 다리에 누는 건 별로이지만 다리가 길어서 땅의 열을 피할 수 있는 건 부러워요."

"난 물과 음식을 오랫동안 먹지 않고 버티는 게 더 부럽

던데."

그러자 장하다가 용선생의 볼록 나온 배를 가리키며 말했다.

"그건 우리도 할 수 있어. 용선생님처럼 지방을 배에 저장하면 돼."

"하하!"

용선생과 아이들은 즐겁게 웃으며 동물원을 나섰다.

핵심정리

낙타는 한 번에 많은 양의 물과 먹이를 먹어서 혹에 지방으로 저장해 놓고, 필요할 때마다 조금씩 사용해. 덕분에 오랫동안 아무것도 먹지 않아도 살게끔 사막에 적응했어.

# 나선애의 정리노트

## 1. 사막에 적응한 낙타의 생김새

| 부위 | 특징 |
|---|---|
| 귀 | 크기가 작고 ⓐ 이 많아서 모래가 귀에 들어가는 것을 막음. |
| 눈 | 속눈썹이 길고 풍성해서 모래가 눈에 들어가는 것을 막음. |
| 코 | ⓑ 을 여닫을 수 있어서 모래가 콧속으로 들어가는 것을 막음. |
| 피부 | 햇빛의 열이 몸속으로 전달되는 것을 막음. |
| 발 | ⓒ 이 넓어서 모래에 발이 빠지는 것을 막음. |
| 다리 | 길이가 길어서 땅의 열이 몸통에 덜 전달되게 함. |

## 2. 사막에 적응한 낙타의 생활 방법

① 몸으로 ⓓ 을 만들어 체온을 낮춤.
② 천천히 걸어 체온을 일정하게 유지함.
③ 다리에 오줌을 누어 체온을 낮춤.
④ 물과 먹이를 한 번에 많이 먹어서 ⓔ 에 저장함.
⑤ 몸속의 물을 최대한 밖으로 내보내지 않음.

ⓐ 털 ⓑ 콧구멍 ⓒ 발바닥 ⓓ 그늘 ⓔ 혹

# 과학퀴즈 달인을 찾아라!

●정답은 131쪽에

## 01

친구들이 이번 시간에 배운 내용에 대해 이야기하고 있어. 옳으면 O, 옳지 않으면 X를 표시해 줘.

① 낙타는 매우 빠르게 걸어. (　　)
② 낙타는 일부러 다리에 오줌을 눠. (　　)
③ 낙타들은 무리로 다니며 서로 그늘을 만들어 줘. (　　)

## 02

장하다가 사막에서 물을 찾고 있어. 낙타의 몸에서 사막에 적응한 부분의 이름을 따라가면 물이 나올 거야. 미로를 잘 빠져나올 수 있게 도와줘.

| 용선생의 과학 카페 | 용선생의 한국사 카페 | 용선생의 세계사 카페 |  |

   https://cafe.naver.com/yongyong

## 용선생의 과학 카페

과학계의 핵인싸,
용선생의 과학 카페에
오신 걸 환영합니다.

[ Log in ]

오늘은 어떤
재미난 지식을
올려 볼까?

 MENU

물리면 아프다
화학이 화하하
생물 오징어
지구는 둥글다

### 사람도 환경에 적응해!

지금부터 약 15만 년 전, 지구는 우리가 상상할 수 없을 정도로 추웠어. 이 시기에 살던 인류는 춥고 건조한 기후에 적응해서 지금과 다른 모습을 하고 있었지. 어떤 모습이었냐고? 북극이나 남극처럼 1년 내내 추운 지역에 사는 동물들을 떠올려 봐. 팔다리는 짧고 몸통은 굵은 모습이지. 왜 그럴까?

◀ 펭귄

추운 곳에 사는 동물들은
팔다리가 짧아.

◀ 바다표범

동물의 몸속 열은 주로 팔다리를 통해 빠져나가. 팔다리가 길면 열이 많이 빠져나가고, 짧으면 적게 빠져나가지. 그래서 추운 곳에 사는 동물은 팔다리가 짧아야 살아남기 유리해.
반면 더운 곳에 사는 동물은 몸속의 열이 잘 빠져나가야 시원하기 때문에 팔다리가 길어야 살아남기 유리하지. 앞에서 배운 낙타도 다리 길이가 매우 길어.

▲ 낙타의 긴 다리

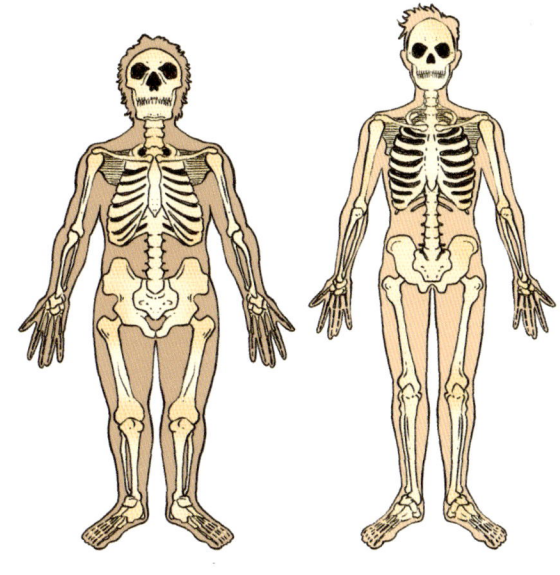

▲ 네안데르탈인　　▲ 현재의 인류

지구가 한창 추운 시기에 살던 인류의 조상 네안데르탈인도 추운 지역의 동물처럼 짧은 팔다리를 가졌어. 지금도 추운 극지방의 원주민과 더운 지방의 원주민을 비교해 보면 팔다리 길이가 다른 걸 확인할 수 있지.

▲ 추운 지방의 원주민　　▲ 더운 지방의 원주민

## COMMENTS

- 곽두기를 더운 지방으로 보내야겠다.
- 그런다고 팔다리가 바로 길어지는 게 아니거든.
- 안 가.

6교시 | 동물과 먹이

# 기린은 왜 길쭉길쭉할까?

"우아, 기린이다!"

동물원에 도착하자 아이들은 제일 먼저 기린이 있는 곳으로 뛰어갔다.

"먹이를 먹고 있네. 근데 혀가 엄청 길어!"

"목만 긴 줄 알았는데 혀도 엄청 길다. 기린은 왜 목과 혀가 저렇게 긴 걸까?"

아이들의 궁금증에 용선생이 나섰다.

 누가 더 높이 자랄까?

"아주 오래전 기린은 지금과 다르게 목과 혀가 짧았어."

"정말요?"

"기린의 생김새 변화는 먹이와 관련 있어. 지금의 기린은

"**아프리카 초원 지대**에 살며 주로 쇠뿔아카시아나무의 잎, 줄기, 열매를 먹지. 쇠뿔아카시아나무는 아프리카 초원에서 거의 유일하게 키가 큰 나무로 기린처럼 키가 큰 초식 동물만 먹을 수 있는 먹이야."

"오! 기린만 먹을 수 있는 먹이라니, 기린은 좋겠네요."

"그렇지. 그래서 쇠뿔아카시아나무는 특히 기린에게 먹히지 않기 위해 끊임없이 적응해 왔고, 기린 역시 쇠뿔아카시아나무를 먹기 위해 적응해 왔어."

"어떻게 적응했는데요?"

"오래전 쇠뿔아카시아나무는 지금보다 키가 작아 기린을 비롯한 여러 초식 동물의 좋은 먹이였어. 그래서 쇠뿔아카시아나무는 초식 동물들이 자신의 잎을 먹지 못하게 조금씩 더 크게 자라기 시작했지. 그 당시에는 기린도 다

 **용선생의 과학 현미경**

아프리카의 초원은 몇 년씩 비가 내리지 않을 정도로 매우 건조해. 하지만 쇠뿔아카시아나무는 물이 있는 땅속 깊은 곳까지 뿌리를 뻗고, 매우 천천히 성장하며 살아.

▲ 쇠뿔아카시아나무

◀ **기린의 변화** 쇠뿔아카시아나무가 높이 자랄수록 목이 더 긴 기린이 살아남기에 유리해졌어.

른 초식 동물처럼 목이 짧았기 때문에 점점 쇠뿔아카시아나뭇잎을 먹기 어려워졌어."

"그러면 기린은 뭘 먹었어요?"

"대부분 풀을 먹었지. 하지만 모든 기린이 쇠뿔아카시아나무를 먹지 못한 건 아니야. 그 중에서도 다른 기린보다 목이 길게 태어난 기린들이 있었거든."

"목이 긴 기린은 쇠뿔아카시아나무의 잎을 먹을 수 있었겠네요."

"맞아. 목이 짧은 기린은 풀만 먹어야 했지만, 목이 긴 기린은 풀과 쇠뿔아카시아나무 모두를 먹을 수 있어 먹이 경쟁에서 살아남기에 유리했어."

"오호라. 그래서 목이 긴 기린의 세상이 되었군요."

"그렇지. 목이 긴 기린 중에서도 긴 혀를 가지고 태어난 기린은 더 높은 곳에 있는 잎을 먹을 수 있어 살아남기에 더 유리했어. 결국 긴 목과 긴 혀를 가진 기린이 오늘날까지 남게 되었지."

**핵심정리**

쇠뿔아카시아나무는 초식 동물에게 먹히지 않기 위해 높이 자랐어. 하지만 목과 혀가 긴 기린이 나타나 키 큰 쇠뿔아카시아나무를 먹게 되었지.

## 기린의 또 다른 적응

"하지만 이게 끝이 아니란다. 쇠뿔아카시아나무는 기린보다 더 커지는 대신 또 다른 방법을 선택했어. 줄기에 가시를 만들기 시작한 거지."

용선생은 아이들에게 사진을 보여 주었다.

"헉! 기린은 어떻게 이 가시를 피해 잎을 먹죠?"

허영심이 걱정스런 표정으로 물었다.

"하하, 그래서 가시에 찔려도 괜찮을 만큼 단단하고 두꺼운 혀를 가진 기린이 유리하게 되었지."

"혀 길이만 늘어난 게 아니군요. 그런데 쇠뿔아카시아나무의 잎을 먹다 보면 혀 말고 얼굴의 다른 부분도 가시에 찔릴 것 같은데요."

"그래서 기린이 어떻게 적응했는지 직접 찾아보렴."

아이들은 기린의 얼굴을 자세히 관찰하기 시작했다.

"입술도 쇠뿔아카시아나무를 잘 먹기 위해 적응한 것 같아요. 입술이 엄청 두꺼워요."

나선애가 기린의 입술을 가리키며 말했다.

"맞아. 기린은 쇠뿔아카시아나무의 잎을 먹을 때 입술도 가시에 많이 찔려. 그래서 입술이 두껍게 변한 거지. 그리

▲ 쇠뿔아카시아나무의 가시

▲ 기린의 혀  두꺼운 혀를 둥글게 말아서 잎을 뜯어먹어.

▲ 기린의 두꺼운 입술

고 하나 더! 기린은 가시에 눈이 찔리지 않게 눈과 입 사이도 점점 멀어졌어. 덕분에 얼굴이 매우 길어졌지."

"먹이 때문에 얼굴까지 바꾸다니."

장하다가 기린을 보며 고개를 저었다.

"생물에게 먹이는 죽고 사는 것과 연결되는 매우 중요한 문제야. 그래서 먹이를 더 잘 먹을 수 있게 적응한 거야."

용선생이 사뭇 진지한 목소리로 말했다.

 핵심정리

쇠뿔아카시아나무 줄기에 가시가 생기자 이것을 먹기 위해 기린은 혀가 두껍고 단단해졌어. 입술도 두꺼워졌고, 눈과 입 사이가 멀어지면서 얼굴이 길어졌어.

##  기린을 어떻게 쫓아낼까?

"그러면 먹이가 되는 생물은 어떡해요?"

가만히 듣고 있던 나선애가 물었다.

"먹이가 되는 생물은 잡아먹는 생물에 맞춰 적응해. 쇠뿔아카시아나무도 기린이 변한 모습에 맞서 또 다르게 적응했어."

"맙소사, 또요?"

장하다가 놀란 표정으로 물었다.

"쇠뿔아카시아나무는 기린이 자신의 잎을 먹기 시작하면 쓰고 떫은 맛이 나는 '탄닌'이라는 물질을 만들어 잎으로 보내."

"에이, 쓴맛쯤이야. 그냥 참고 먹으면 되죠."

장하다가 얼굴을 찡그리며 먹는 시늉을 했다.

"탄닌은 맛만 이상한 게 아니라 다른 음식이 소화되는 것까지 방해해. 그래서 기린은 탄닌의 맛이 느껴지면 먹기를 멈추고 다른 먹이를 찾아 떠나."

"오, 쇠뿔아카시아나무의 방법이 성공했네요."

"그렇지. 쇠뿔아카시아나무는 여기에서 멈추지 않고 기린이 주변에 있다는 것을 근처 쇠뿔아카시아나무들에게 알리기도 해. 기린이 자신의 잎을 먹기 시작하면, 신호 물질을 만들어 바람에 날려 보내는 거지. 이 신호를 받은 나무들은 곧바로 탄닌을 만들어 기린의 공격에 대비해."

"그러면 기린이 먹을 나무가 없겠네요?"

허영심이 걱정스러운 표정으로 말했다.

"하하. 기린은 아직 신호를 받지 않은 나무를 찾아가서

잎을 먹어. 신호 물질이 바람을 타고 전달되기 때문에 바람이 닿지 않는 곳에 있는 나무를 찾는 거지."

"이야, 나무들끼리 신호를 주고받는 걸 기린이 안다는 거네요? 게다가 그 신호가 바람으로 전달된다는 것도 아니까 이렇게 행동하는 거겠죠? 기린이 정말 영리하네요."

허영심이 놀랍다는 듯 기린을 쳐다봤다.

**핵심정리**

쇠뿔아카시아나무는 기린이 자신을 뜯어 먹기 시작하면 쓴맛이 나는 물질을 만들어 잎으로 보내. 그리고 주변 나무들에게 신호 물질을 보내 기린이 있다는 걸 알리지.

##  쇠뿔아카시아나무의 비장의 무기는?

"쇠뿔아카시아나무가 기린을 물리치는 또 다른 방법이 있단다."

"어떤 방법이요?"

"바로 개미를 이용하는 거야. 쇠뿔아카시아나무는 스스로 움직일 수 없으니 대신 개미가 기린을 공격하게 하는 거지."

"우아! 개미를 조종이라도 하나요?"

"하하, 그건 아니야. 쇠뿔아카시아나무는 개미들을 끌어들이기 위해 개미가 좋아하는 꿀물과 열매를 만들어."

"아하! 먹이로 개미들을 유인하는 작전이군요!"

"맞아. 사실 쇠뿔아카시아나무가 사는 곳은 매우 건조하고 땅에서 얻을 수 있는 영양분이 적어서 나무 자신이 쓰기에도 부족해. 그런데, 그 영양분을 개미들의 먹이를

▼ 쇠뿔아카시아나무에 사는 개미들

열매

꿀샘

마음껏 먹으렴. 대신 기린이 오면, 알지?

▲ 쇠뿔아카시아나무를 지키기 위해 싸우는 개미들

만드는 데 사용하는 거지."

"개미를 끌어모으기 위해 정말 애를 많이 쓰네요."

"그렇지. 대신 개미는 기린을 비롯해 쇠뿔아카시아나무의 잎을 먹으러 온 다른 생물을 공격해."

"개미가 쇠뿔아카시아나무를 지키기 위해 대신 싸워 주는 거예요?"

"개미에게 쇠뿔아카시아나무는 먹이를 구할 수 있는 곳이고, 또 알과 애벌레를 키우는 집이야. 그러니 자신들의 집을 지키기 위해 싸우는 거지."

"이야, 무화과와 무화과좀벌처럼 쇠뿔아카시아나무와 개미도 공생을 하는군요?"

"맞아. 그리고 이들의 공생 관계도 무화과처럼 때론 끊어지기도 해."

"네? 왜요?"

"쇠뿔아카시아나무의 잎을 먹으러 오는 기린이 없으면 나무는 개미들의 도움이 필요하지 않기 때문에 개미들을 위한 꿀물이나 열매를 만들지 않거든."

"그러면 원래 살던 개미들은 어떡해요? 갑자기 먹이를

구할 수 없게 되잖아요."

"그렇게 되면 개미들은 꿀물과 열매를 만드는 다른 쇠뿔아카시아나무를 찾아 떠나."

"개미가 떠난 나무는 기린이 다시 먹을 수 있겠네요."

"맞아. 기린은 개미가 살지 않는 나무를 다시 찾지."

"에휴! 기린이 쇠뿔아카시아나무에 적응하면 쇠뿔아카시아나무도 거기에 맞서 새롭게 적응하고, 그럼 또다시 기린이 적응하고……. 기린은 먹기 위해, 나무는 먹히지 않기 위해 끊임없이 변하네요."

"그렇지. 기린과 쇠뿔아카시아나무는 서로 경쟁적으로 적응했고 지금도 적응 중이야. 앞으로 또 어떻게 변할지는 알 수 없어."

용선생과 아이들은 계속 변화해 갈 기린과 쇠뿔아카시아나무의 모습을 상상하며 동물원을 나섰다.

기린과 쇠뿔아카시아나무는 살아남기 위해 서로 경쟁적으로 적응하며 지금껏 살아왔고, 앞으로도 계속 서로에게 적응하며 변할 거야.

# 나선애의 정리노트

## 1. 기린과 쇠뿔아카시아나무의 경쟁적 적응

 초식 동물에게 잡아먹히지 않기 위해 높이 자람.

⬇

 ⓐ [ ]과 혀가 긴 기린이 키가 큰 쇠뿔아카시아나무를 먹기 시작함.

⬇

 기린이 먹지 못하도록 줄기에 ⓑ [ ]가 남.

⬇

 가시에 찔려도 다치지 않도록 ⓒ [ ]와 입술이 튼튼하고 두껍게 변함.

⬇                                              ⬇

 기린이 잎을 먹지 못하도록 쓰고 떫은 물질을 내보내고, 다른 나무들에게 신호를 보내 기린이 나타난 것을 알림.     개미에게 ⓓ [ ]와 집을 제공함. 대신 개미는 기린을 공격함.

⬆⬇                                            ⬆⬇

 신호를 받지 않은 쇠뿔아카시아나무를 찾아 먹음.     개미가 나무를 떠나면 찾아가 먹음.

ⓐ 목 ⓑ 가시 ⓒ 혀 ⓓ 먹이

 **과학퀴즈** 달인을 찾아라!

●정답은 131쪽에

## 01

친구들이 이번 시간에 배운 내용에 대해 이야기하고 있어. 옳으면 O, 옳지 않으면 X를 표시해 줘.

① 개미는 쇠뿔아카시아나무를 먹으러 온 기린을 쫓아 줘. (　　)
② 쇠뿔아카시아나무는 개미에게 먹이와 집을 제공해 줘. (　　)
③ 개미와 쇠뿔아카시아나무는 평생 서로 도우며 살아. (　　)

## 02

아래의 글을 읽고 빈칸에 들어갈 정답을 네모칸에서 찾아 동그라미로 표시해 봐.

| 가 | 마 | 우 | 지 |
|---|---|---|---|
| 시 | 먹 | 이 | 우 |
| 나 | 석 | 탄 | 개 |
| 무 | 궁 | 화 | 닌 |

[쇠뿔아카시아나무가 살아가는 방법]

1. 기린이 잎을 먹지 못하게 줄기에 ○○가 돋아나.
2. 기린이 나타나면 쓰고 떫은 맛이 나는 ○○을(를) 내보내.
3. 개미들에게 집과 ○○를 주고 대신 개미가 기린을 공격해.

7교시 | 동물의 위장

# 속고 속이는 동물의 생존법은?

**교과연계**

**초 3-2** 동물의 생활
**중 1** 생물의 다양성

으앙~ 벌이야!

걱정 마! 내가 쫓을게.

저건 벌이 아니야!

1. 식물과 빛
2. 식물과 물
3. 공생
4. 기생
5. 동물과 환경
6. 동물과 먹이
7. 동물의 위장

"으악! 벌이다!"

아이들이 벌을 향해 공책을 집어 던졌고, 교실은 순식간에 아수라장이 되었다.

"얘들아! 잠깐! 그건 벌이 아니야. 그만하고 자리에 앉아 볼래?"

용선생의 말에 아이들의 눈이 동그래졌다.

"벌이 아니라고요? 그럼 뭐예요?"

 날 건드리면 큰일 날걸!

"저건 꽃등에야. 파리의 친척 정도 되는 곤충이지. 벌처럼 생기고 꽃 속의 꿀을 먹지만 독침은 없어."

"아니, 왜 파리의 친척이 벌처럼 생겼어요?"

장하다가 씩씩거리자 나선애가 한마디 했다.

"글쎄, 꽃등에가 벌처럼 생기면 좋은 점이 있으니까 그런 게 아닐까?"

"맞아. 꽃등에를 잡아먹는 포식자들이 꽃등에를 벌로 착각해서 공격하지 않는다는 장점이 있어. 벌을 공격하면 독침에 쏘일 테니까 말이야."

용선생은 화면에 두 장의 사진을 띄웠다.

"얼핏 보면 꽃등에는 전체적인 모양과 배의 무늬, 날개 모양까지 벌과 아주 비슷해. 하지만 자세히 보면 벌과 아주 다른 점이 많아. 꽃등에와 벌의 모습을 비교해 볼까?"

"자세히 보니 꽃등에가 눈이 더 크고, 더듬이가 짧아요."

▲ 꽃등에  ▲ 벌

"벌은 날개가 4장인데 꽃등에는 2장이에요."

"벌은 배 끝이 뾰족한데, 꽃등에는 뭉툭해요."

"다들 차이점을 잘 찾았어. 너희들이 찾은 것 외에도 꽃등에와 벌은 배의 줄무늬가 달라. 벌은 가로 줄무늬만 있지만 꽃등에는 X자 무늬가 있거든."

"오호! 정말 그러네요."

"꽃등에가 독침을 가진 벌의 생김새를 흉내낸 것처럼, 일부 피식자들은 자신을 잡아먹는 포식자에게 해를 끼칠 수 있는 생물로 위장해."

"우아! 신기하네요."

"어떤 피식자는 주변 환경과 비슷하게 자신을 위장하는 경우도 있단다."

용선생은 아이들을 데리고 화단으로 나왔다. 그리고 주변을 살피더니 '쉿' 하며 아이들을 조용히 시켰다.

"이 나무에서 위장한 벌레를 찾아봐."

아이들은 두 눈을 크게 뜨고 두리번거렸다.

"벌레가 어디에 있어요?"

"정말 있기는 한가요?"

그러자 용선생이 나뭇가지 하나를 톡 건드렸다.

"으악! 나뭇가지가 움직여!"

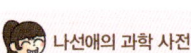

**나선애의 과학 사전**

피식자 먹고 먹히는 관계에 있는 두 종류의 생물 사이에서 잡아먹히는 쪽을 말해.

**곽두기의 낱말 사전**

위장 본래 모습이 드러나지 않게 꾸미는 것을 말해.

벌레가 있다고?

"하하, 진정해. 이건 자나방의 애벌레야. 나뭇가지처럼 위장해서 포식자로부터 몸을 숨겨. 애벌레는 새를 비롯해서 노린재, 거미 등 수많은 포식자들의 먹이이기 때문에 이런 식으로 몸을 위장하는 경우가 많아."

▲ 자나방의 애벌레 자벌레라고도 불러.

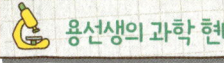

## 피식자의 경고

피식자들이 위장만 하는 건 아니야. 왕나비 애벌레는 오히려 눈에 잘 띄는 색과 무늬로 자신이 독을 가진 위험한 동물이라고 포식자에게 경고해. 만약 새가 왕나비 애벌레를 먹으면 독 때문에 토하다가 죽을 수도 있어. 게다가 왕나비 애벌레는 어른벌레가 되어서도 독을 가지고 있지. 그래서 새들은 왕나비 애벌레뿐만 아니라 어른벌레도 먹지 않아. 덕분에 왕나비는 살아남을 확률이 매우 높지.

▲ 왕나비 애벌레

▲ 왕나비 어른벌레

이때 왕수재가 다급히 용선생을 불렀다.

"선생님! 여기 보세요! 죽었던 벌레가 살아났어요! 이거 혹시 좀비 벌레 아니에요?"

용선생은 왕수재가 가리키는 벌레를 살펴보았다.

"하하, 이건 바구미라는 곤충이야. 방금 전에는 정말로 죽었던 것이 아니라 죽은 척을 한 거고."

"왜 죽은 척을 해요?"

"바구미는 포식자의 공격을 받는 위험한 상황에 처하면 몸을 뒤집어 죽은 척을 해서 위기를 피해. 포식자들은 대개 죽은 곤충을 잘 먹지 않거든."

"와, 연기를 펼쳐서 포식자를 피하는군요. 포식자들도

참 힘들겠어요."

"하지만 포식자도 피식자 못지않게 다양한 위장을 한단다. 잠시만 기다려 봐!"

 **핵심정리**

피식자들은 포식자에게 해를 끼칠 수 있는 생물과 비슷하게 위장하거나, 주변 환경과 비슷하게 위장하고, 죽은 척을 해서 포식자로부터 자신을 지켜.

 ## 포식자도 속임수를 쓴다고?

용선생이 교실에서 동물도감을 가져와 뭔가를 찾더니 아이들을 불러 모았다.

"모두 이리 와 봐. 위장술에 뛰어난 포식자를 소개할게. 바로 사마귀야."

"윽, 무서운 사마귀는 왜요?"

아이들은 투덜대면서도 용선생 주위로 모여들었다.

"이게 모두 사마귀예요? 우아!"

"이 사마귀는 나뭇잎처럼 생겼고, 이건 나뭇가지, 이건 낙엽, 이건 꽃처럼 생겼어. 신기하네."

▲ 다양한 모습으로 위장한 사마귀들

"사마귀는 먹잇감이 눈치채지 못하도록 주변 사물과 비슷한 모양과 색으로 위장해."

"사마귀도 자나방의 애벌레처럼 위장을 하는군요."

이곳저곳을 살피던 용선생이 아이들을 불렀다.

"마침 사마귀가 파리를 사냥하려고 하고 있구나."

"파리는 사마귀가 가까이 있다는 걸 모르는 것 같아."

"그게 바로 사마귀의 사냥 능력이지. 쉿! 사마귀가 사냥하는 과정을 조용히 지켜보자."

용선생과 아이들은 화단 앞에 옹기종기 모여 앉아 숨을 죽인 채 사마귀가 파리를 사냥하는 모습을 관찰했다.

▼ 사마귀의 사냥법

**넓은 시야** 머리가 180° 돌아가기 때문에 먹이를 찾을 수 있는 범위가 넓어.

**뛰어난 시력** 두 눈은 각각 1만 개의 작은 눈으로 되어 있고, 빛을 감지하는 세 개의 눈이 또 있어 먹이를 잘 발견해.

**위장 능력** 생김새와 몸의 색이 풀이나 나뭇가지와 비슷해서 먹잇감이 알아차리지 못하게 다가가.

**강력한 앞발** 톱니가 달린 낫 모양의 앞발로 먹이가 도망치지 못하게 꽉 움켜잡아.

"아니, 파리가 왜 도망가지 않은 거예요?"

곽두기가 작은 목소리로 묻자 용선생이 답했다.

"사마귀의 색이 주변 식물과 비슷해서 파리가 눈치 채지 못한 거야. 사마귀는 주변 사물과 비슷한 모양이나 색으로 위장하여 사냥을 해."

용선생이 동물도감을 다시 펼쳐 보이며 말했다.

"이처럼 피식자뿐 아니라 포식자도 위장을 한단다. 이 악어거북을 보렴. 지렁이처럼 생긴 분홍색 혀로 물고기들을 유인하고 있어."

"와! 물고기들이 지렁이인 줄 알고 먹으러 왔다가 악어거북에게 잡아먹히겠네요."

"또 다른 포식자를 보자. 깊고 어두운 바다에 사는 초롱아귀는 등지느러미의 가시 중 일부분이 빛을 내는 기관으로 변했어. 초롱아귀의 먹이가 되는 물고기들이 빛을 내는 먹잇감을 좋아하거든. 그래서 초롱아귀는 빛으로 물고기

▲ 악어거북

▲ 초롱아귀

들을 유인해서 잡아먹지."

"어떤 동물은 잡아먹히지 않으려고 위장하고, 어떤 동물은 잡아먹으려고 위장하다니, 정말 속고 속이는 치열한 싸움이네요!"

### 핵심정리
포식자들도 먹이를 사냥하기 위해 위장을 해.

## 포식자가 더 이상 속지 않는다면?

용선생은 갑자기 아이들을 조용히 시켰다.
"자, 여기 나무 줄기에서 동물을 찾아보렴."
"동물이요? 동물이 있긴 한가요?"

▲ 나무 줄기로 위장한 뒷날개나방

아이들이 고개를 갸우뚱거리며 고민하는데 곽두기가 손을 들었다.

"찾았어요! 나무에 나방이 붙어 있어요."

"맞았어! 뒷날개나방은 앞날개의 색과 무늬가 나무줄기와 비슷해서 눈에 잘 띄지 않아."

"아, 사마귀처럼 주변 사물과 비슷하게 위장을 했군요!"

"맞아. 나방은 주로 새들에게 먹히는데, 처음에 새들은 나방을 잘 찾지 못해. 하지만 시간이 지나 나방의 색과 무늬에 익숙해지면 곧잘 찾아내지. 두기가 나방을 찾아낸 것처럼 말이야."

"위장이 효과가 없으면 어떡해요?"

용선생은 대답 대신 나뭇가지로 나방을 살짝 건드렸다.

"헉! 이건 뭐예요? 뒷날개 색깔이 화려해서 오히려 새에게 금방 들킬 것 같아요!"

"하하, 나방은 새가 자신을 찾아냈을 때 앞날개를 활짝 펼쳐 올려. 그럼 화려한 색과 무늬를 띤 뒷날개가 드러나고, 새들은 깜짝 놀라 멈칫하게 되지. 나방은 이 틈을 이용해 재빨리 도망가는 거야."

"우아, 앞날개는 나무 줄기로 위장하고,

▲ 뒷날개를 살짝 드러내는 뒷날개나방

뒷날개는 눈에 띄는 색으로 포식자를 놀라게 하는군요."

"그렇지. 나방들은 지금도 날개 색과 무늬가 계속 바뀌고 있어. 심지어 같은 종류끼리도 똑같은 색과 무늬가 하나도 없을 정도란다."

▲ 다양한 뒷날개나방의 모습

"색과 무늬가 무척 다양하네요. 더군다나 위장하는 모습이 계속 바뀐다니 포식자들은 정말 헷갈리겠어요."

"이처럼 모든 생물은 자신이 사는 환경, 먹는 먹이, 자신을 잡아먹는 포식자에 따라 변화하며 적응해 나아가지. 앞으로도 새로운 환경에 적응하기 위한 생물들의 변화는 계속될 거야!"

 핵심정리

어떤 동물은 포식자를 속이기 위해 위장하는 모습을 계속 바꾸어 가며 변화하는 환경에 적응해.

# 나선애의 정리노트

### 1. 피식자의 위장
① 꽃등에 : 독침을 가진 꿀벌과 비슷한 모습으로 위장함.
② 자나방의 애벌레 : 나뭇가지와 비슷한 모습으로 위장함.
③ ⓐ [　　] : 공격 받으면 죽은 척 위장함.

### 2. 포식자의 위장
① 사마귀 : 주변 사물과 비슷한 모양과 색으로 위장함.
② ⓑ [　　] : 입안의 혀를 지렁이 모습으로 위장하여 먹잇감을 유인함.
③ ⓒ [　　] : 등의 가시를 불빛으로 위장하여 먹잇감을 유인함.

### 3. 위장의 변화
① 뒷날개나방은 앞날개를 나무 줄기와 비슷하게 위장하고, ⓓ [　　] 를 눈에 띄는 색으로 위장함.
② 뒷날개나방은 날개 무늬와 색이 다른 변이가 계속 생김.

ⓐ 주머니쥐 ⓑ 악어가사리 ⓒ 아귀 ⓓ 뒷날개

 과학퀴즈 달인을 찾아라!

●정답은 131쪽에

## 01

친구들이 이번 시간에 배운 내용에 대해 이야기하고 있어. 옳으면 O, 옳지 않으면 X를 표시해 줘.

① 꽃등에는 독침이 있는 꿀벌과 비슷한 모습으로 위장해. (    )
② 바구미는 주변과 비슷한 모양과 색으로 위장하여 포식자의 공격을 피해. (    )
③ 악어거북은 빛으로 먹잇감을 유인해. (    )

## 02

장하다가 뒷날개나방을 찾고 있어. 이 나무 줄기에 뒷날개나방이 몇 마리나 있는지 알려 줘.

| 용선생의 과학 카페 | 용선생의 한국사 카페 | 용선생의 세계사 카페 |  |

  https://cafe.naver.com/yongyong

## 용선생의 과학 카페

과학계의 핵인싸,
용선생의 과학 카페에
오신 걸 환영합니다.

[ Log in ]

### MENU

물리면 아프다
화학이 화하하
생물 오징어
지구는 둥글다

### 작지만 끈질긴 적응의 왕, 곰팡이

▲ 곰팡이가 생긴 과일

나는 곰팡이야. 약 5억 년 전부터 지금까지 지구상에 살고 있어. 옛날에 나와 같이 살던 생물 대부분은 지구 환경 변화에 적응하지 못하고 멸종하고 말았지. 내가 어떤 특별한 점을 갖고 있기에 지금까지 살아남았는지 알려 줄게!

첫째, 나는 한 번에 수억에서 수조 개나 될 정도로 많은 자손을 퍼뜨려! 이렇게 자손을 많이 퍼뜨리면 모든 자손이 살아남지는 못해도 누군가는 살아남아 대를 이어 나갈 수 있어.

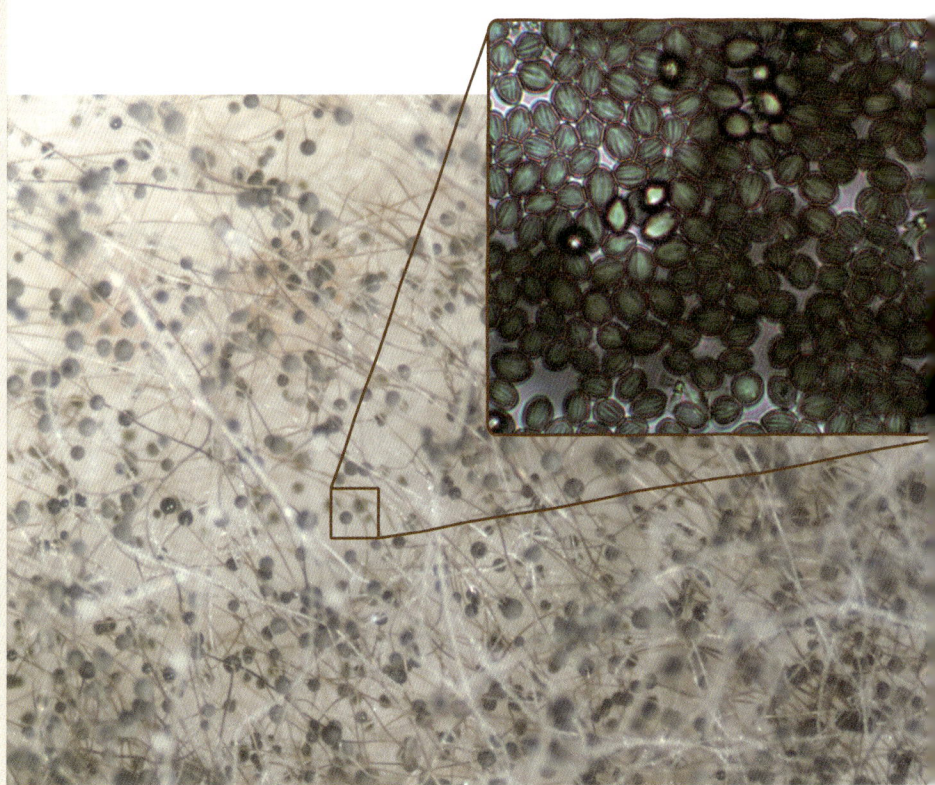
▲ 곰팡이를 현미경으로 확대한 모습  검은 원 하나하나에 곰팡이 자손 수백 개가 들어 있어.

둘째, 나는 지구에 있는 거의 모든 물질을 다 먹을 수 있지. 살아 있는 생물은 물론이고, 죽은 생물의 몸, 돌, 흙, 배설물도 먹어.

화장실 벽에서 나 많이 봤지? 난 벽도 먹어. 헤헤.

▲ 살아 있는 곤충을 죽인 곰팡이    ▲ 건물 벽에 핀 곰팡이

셋째, 나는 다양한 방법으로 살 수 있어. 때로는 동물이나 식물과 공생을 하고 때로는 사람에게 기생하기도 해. 그래서 날 싫어하는 사람이 많지만 말이야.

 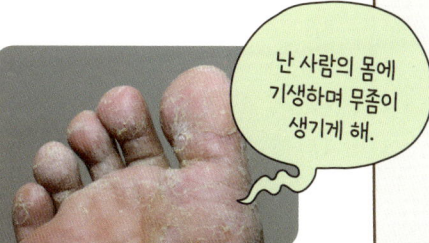

우리가 대신 분해해 줄게!

난 사람의 몸에 기생하며 무좀이 생기게 해.

▲ 동물과 공생하는 곰팡이    ▲ 사람 몸에 기생하는 곰팡이

어때, 나의 끈질긴 생명력이? 끊임없이 변하는 지구에서 내가 수억 년이 넘게 살아남은 비결, 이제 알겠지?

장하다의 오답을 피하는 방법
나선애의 야무진 실험실
왕수재의 아는 척 과학교실
허영심의 별 헤는 밤
곽두기의 빅뱅 따라잡기

## COMMENTS

대단하긴 한데 친해지기는 어렵겠어.
우리 집엔 오지 마라!

# 가로세로 퀴즈

생물의 적응에 관한 가로세로 퀴즈야. 빈칸을 채워 봐.
띄어쓰기는 무시해도 돼.

| | |
|---|---|
| 가로 열쇠 | ① 생물이 살아가는 데 필요한 영양분을 다른 생물에게서 빼앗아 살아가는 것<br>② 사마귀는 먹잇감을 속이기 위한 위장과 ○○하는 무기를 모두 갖고 있음<br>③ 다른 식물과의 경쟁을 피해 겨울에 열매를 맺고, 숙주의 영양분을 빼앗아 살아가는 식물<br>④ 옥수수가 높이 자라기 위해 가지고 있는 뿌리의 이름<br>⑤ 꽃, 나뭇잎, 낙엽 등과 비슷하게 위장하는 곤충의 이름<br>⑥ 선인장은 몸속의 물이 증발되지 않게 잎을 ○○로 변화시킴<br>⑦ 기린이 사는 대륙의 이름 |
| 세로 열쇠 | ① 식물에게 필요한 산소와 이산화 탄소, 수증기 등의 기체가 드나드는 구멍으로 선인장은 잎 대신 줄기에 이것이 있음<br>② 무화과좀벌과 무화과처럼 서로 도움을 주고받으며 살아가는 것<br>③ 덩굴손으로 주변 물체를 감고 높이 자라 빛을 많이 받게 적응한 식물<br>④ 건조할 땐 휴면하다가 주변에 물이 있으면 씨를 퍼뜨려 번식하는 식물. ○○○의 장미<br>⑤ 깊은 바다에 살며 빛으로 먹잇감을 유인해 잡아먹는 포식자의 이름<br>⑥ 기린의 먹이는 쇠뿔○○○○나무<br>⑦ 낙타, 선인장 등이 사는 곳 |

●정답은 131쪽에

용선생의 시골벅적 과학교실 127

# 교과서 속으로

교과서에서는 어떻게 배울까?

**초등 3학년 2학기 과학 | 동물의 생활**

## 생활 환경에 따라 동물의 특징은 어떻게 다를까?

- **사막에 사는 동물의 특징**
  - 사막에는 뱀, 사막여우, 낙타, 도마뱀, 사막딱정벌레 등 다양한 동물이 산다.
  - 이 동물들은 물이 매우 적고 낮과 밤의 온도 차이가 큰 사막에서 잘 살아갈 수 있는 특징이 있다.

 *낙타는 생김새뿐만 아니라 행동도 사막에 적응했대.*

**초등 4학년 2학기 과학 | 식물의 생활**

## 사는 곳에 따라 식물의 특징은 어떻게 다를까?

- **사막에 사는 식물의 특징**
  - 사막에는 건조하고 뜨거운 환경에 적응한 선인장, 바오바브나무 등의 식물이 산다.
  - 선인장은 굵은 줄기에 물을 저장한다. 가시 모양의 잎은 동물로부터 선인장을 보호한다.
  - 바오바브나무는 키가 크고 줄기가 굵어 물을 많이 저장한다.

 *난 바오바브나무가 건조한 환경에 적응한 더 많은 방법을 알고 있지!*

> 교과서랑 똑같네!

**초등 6학년 1학기 과학** | 식물의 구조와 기능

## 식물의 뿌리와 줄기는 어떤 일을 할까?

- **뿌리의 구조와 기능**
  - 뿌리에는 굵고 곧은 뿌리에 가는 뿌리들이 난 것도 있고, 굵기가 비슷한 뿌리가 여러 가닥으로 수염처럼 난 것도 있다.
  - 뿌리는 물을 흡수하고, 식물을 지지한다.

- **줄기의 구조와 기능**
  - 줄기에는 굵고 곧은 것도 있고, 가늘고 길어 다른 식물을 감거나 땅 위를 기는 것도 있다.
  - 줄기는 식물을 지지하고, 물이 이동하는 통로이며, 양분을 저장하기도 한다.

 식물의 뿌리와 줄기도 환경에 적응해서 변하기도 한다는 말씀!

**중등 1학년 과학** | 생물의 다양성

## 변이와 생물 다양성

- **변이**
  - 같은 종류의 생물 사이에서 나타나는 서로 다른 특성이다.

- **변이와 생물 다양성의 관계**
  - 서로 다른 변이를 가진 생물들이 서로 다른 환경에 살아남아 자신의 특성을 자손에게 남긴다.
  - 이 과정이 오랫동안 반복되면 각 변이들은 서로 다른 종류의 생물이 되어 생물 다양성이 증가된다.

 겨우살이의 변이가 많아서 다른 생물도 다양해진다고 이미 배웠지.

# 찾아보기

가시 29-31, 38, 99-100, 106, 118, 122
갈퀴덩굴 18-19
강아지풀 14
개똥지빠귀 63
개미 52, 102-106
검은머리꾀꼬리 63
겨우살이 60, 62-72
겨울새 63-65, 72
경쟁 15, 58, 64, 72, 98, 105-106
골담초 75
곰팡이 124-125
공생 52-56, 104, 125
금어초 74
기공 29-31, 35, 38
기린 94-106
기생 66-69, 71-72, 125
꼬리겨우살이 70
꽃가루 47-48, 50, 52, 56, 65
꽃가루받이 50-52, 56, 65, 69
꽃등에 110-112, 122
끈끈이주걱 59
낙타 76, 78-90
네안데르탈인 93
네펜데스 59
담쟁이덩굴 15-17, 20, 22
덩굴 식물 15-17

덩굴손 16-17, 19, 22
동백나무겨우살이 70
뒷날개나방 119-122
매발톱꽃 74
멸종 48, 124
무화과 40, 42-56, 104
무화과좀벌 45-57, 104
바구미 114, 122
바다표범 92
바오바브나무 24-27, 32, 34-38, 86
반기생 식물 67, 72
버팀뿌리 13-15, 17, 20-22
번식 48-49, 53, 55, 56
변이 70-72, 122
부착뿌리 16, 22
붉은겨우살이 70
붓꽃 74
사마귀 115-118, 120, 122
사막 27-31, 34, 38, 76, 79, 81-84, 86, 88-90
생명 활동 36, 38, 63
생물의 적응 21-22
생태계 69-72
선인장 27-31, 34-35, 38
쇠뿔아카시아나무 97-106
수벌 46, 48-50
수염뿌리 14

숙주 67-68, 70-72
습지 58
식충 식물 58-59
신갈나무 75
아프리카 초원 97
악어거북 118, 122
암벌 46, 48-52
애벌레 51, 53, 104, 113, 122
어른벌레 113
영양분 15, 31, 35, 38, 53-54, 58-59, 66-68, 71-72, 86-87, 103
예리코의 장미 31-33, 38
오이 16-17, 21-22
옥수수 10-17, 20-22
왕나비 113
위장 112-113, 115-122
은행나무 18-19
잎이 난 모양 17-19
자나방 애벌레 113
직박구리 63
진딧물 52
참나무겨우살이 70
체온 83-84, 90
초롱아귀 118, 122
초식 동물 97-98, 106
케이폭나무 13
탄닌 101-102
특성 20-21, 69-70

파리지옥 58-59
펭귄 92
포식자 46, 48, 50, 111-115, 118-119, 121-122
피식자 112-113, 115, 118, 122
한살이 47-48
해바라기 18-19
호흡 36-38
혹 76, 86-87, 89-90
회양목 18-19
휴면 32-33, 36, 38

# 퀴즈 정답

**1교시**

**01**  ① ○  ② ○  ③ ✕

**02**  (해바라기)는 잎들이 서로 어긋난 모양으로 나고, (은행나무)는 잎들이 한곳에서 뭉쳐서 나. (회양목)은 잎들이 마주한 모양으로 나.

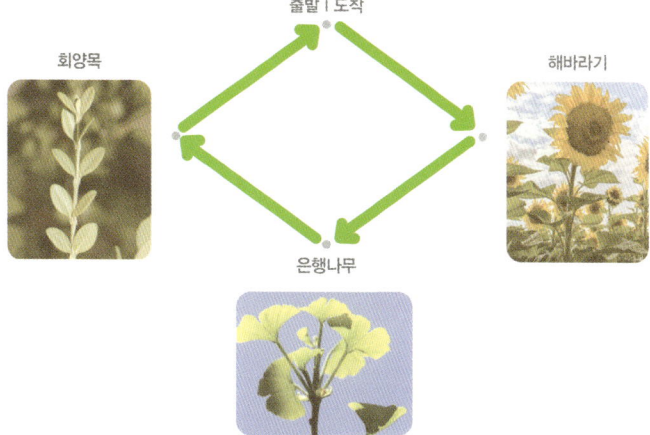

**2교시**

**01**  ① ○  ② ✕  ③ ○

**02**  ① 줄기
② 예리코

| 예 | 물 | 사 | 장 |
|---|---|---|---|
| 리 | 체 | 장 | 미 |
| 코 | 피 | 옆 | 집 |
| 털 | 보 | 줄 | 기 |

### 3교시

**01**  ① X  ② O  ③ X

**02**

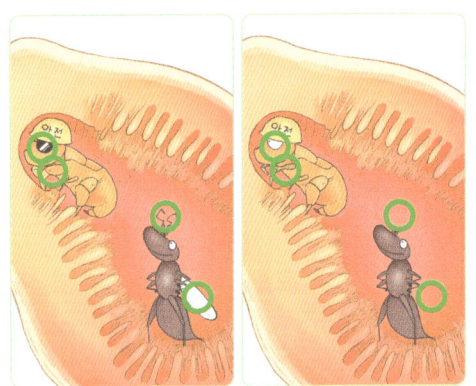

### 4교시

**01**  ① X  ② X  ③ O

**02**  ㉠ 울  ㉡ 물

### 5교시

**01**  ① X  ② O  ③ O

**02**

## 6교시

**01** ① ○  ② ○  ③ ✗

**02**
1. 가시
2. 탄닌
3. 먹이

| 가 | 마 | 우 | 지 |
|---|---|---|---|
| 시 | 먹 | 이 | 우 |
| 나 | 석 | 탄 | 개 |
| 무 | 궁 | 화 | 닌 |

## 7교시

**01** ① ○  ② ✗  ③ ✗

**02** 4마리

# 가로세로 퀴즈

|   |   |   |   |   |   |   |   |   |
|---|---|---|---|---|---|---|---|---|
| ①❶기 | 생 |   |   |   |   |   |   |   |
| 공 |   |   |   | ②❷공 | 격 |   |   | ❸오 |
|   |   |   |   | 생 |   | ③겨 | 우 | 살 | 이 |
|   |   |   |   |   |   |   |   |   |
|   |   |   |   |   |   |   |   | ❹예 |
|   |   | ❺초 |   |   | ④버 | 팀 | 뿌 | 리 |
|   |   | 롱 |   | ❻아 |   |   |   | 코 |
|   |   | 아 |   | 카 |   |   |   |   |
| ⑤❼사 | 마 | 귀 |   | ⑥가 | 시 |   |   |   |
| 막 |   |   |   | ⑦아 | 프 | 리 | 카 |   |

### 일러두기

· 맞춤법과 띄어쓰기는 국립국어원에서 펴낸 《표준국어대사전》을 따랐습니다.
· 과학 용어 표기는 《2015 개정 교육과정에 따른 교과용도서 개발을 위한 편수자료Ⅲ 기초과학, 정보 편》을 따랐습니다.
· 이 책에 실린 사진은 저작권자로부터 사용 허가를 받았습니다. 저작권자와 접촉하기 위해 최선을 다했으나 불가피한 사정으로 사용 허가를 받지 못한 일부 사진에 대해서는 저작권자와 연락이 닿는 대로 게재 허락을 받고 사용료를 지불하겠습니다.
· 이 책에 실린 그림의 저작권은 별도의 표기가 없는 한 사회평론에 있습니다.

### 사진 제공

14쪽: 북앤포토 | 16쪽: 북앤포토 | 18쪽: 북앤포토 | 30쪽: EYE OF SCIENCE, STEFAN DILLER(SCIENCE PHOTO LIBRARY) | 32쪽: 북앤포토 | 35쪽: Prof. Dr. Eike Lüdeling | 43쪽: AfriPics.com(Alamy Stock Photo) | 44쪽: gettyimagesbank, Rainer Zenz(퍼블릭도메인) | 45쪽: S.E. Thorpe(퍼블릭도메인), Forest & Kim Starr(wikimedia commons_CC 3.0) | 48쪽: JMK(wikimedia commons_CC 3.0) | 63쪽: Ray Wilson(Alamy Stock Photo) | 70쪽: 김평일, Pixta.com, Loasa(퍼블릭도메인), hirano takahisa(amanaimages) | 74쪽: 2019 World Bird Sanctuary, 북앤포토, laajala(flickr.com), IDC(amanaimages) | 75쪽: 북앤포토 | 82쪽: Itsik Marom(Alamy Stock Photo) | 88쪽: Mike P Shepherd(Alamy Stock Photo), Reimar(Alamy Stock Photo) | 103쪽: Mark Moffett(Nature in Stock) | 114쪽: 북앤포토 | 118쪽: Daniel Heuclin(Nature Picture Library), Paulo de Oliveira(Biosphoto) | 124쪽: Ramy algayar(wikimedia commons_CC 4.0) | 그 외: 셔터스톡

---

### 용선생의 시끌벅적 과학교실 | 생물의 적응

| | |
|---|---|
| 1판 1쇄 발행 | 2019년 12월 20일 |
| 1판 8쇄 발행 | 2025년 2월 24일 |
| | |
| 글 | 이현진, 김형진, 이명화, 설정민 |
| 그림 | 조현상(매드푸딩스튜디오), 뭉선생, 윤효식 |
| 감수 | 박재근 |
| 캐릭터 | 이우일 |
| | |
| 어린이사업본부 | 이승필 |
| 책임편집 | 이건혁 |
| 편집 | 정세민, 이명화, 홍지예, 김미화, 최예리, 윤성진 |
| 마케팅 | 윤영채, 정하연, 안은지, 박찬수 |
| 경영지원본부 | 나연희, 주광근, 오민정, 정민희, 김수아, 김승현 |
| 아트디렉터 | 강찬규 |
| 디자인 | 디자인서가 |
| 사진 | 북앤포토 |
| | |
| 펴낸이 | 윤철호 |
| 펴낸곳 | (주)사회평론 |
| 전화 | 02-326-1182 |
| 팩스 | 02-326-1626 |
| 주소 | 03993 서울시 마포구 월드컵북로6길 56 사평빌딩 |
| 출판등록 | 1993년 10월 6일 제 10-876호 |

© 사회평론, 2019

ISBN 979-11-6273-074-4 73400

· 이 책 내용의 일부나 전부를 다시 사용하려면 저작권자와 사회평론의 동의를 받아야 합니다.
· 잘못 만들어진 책은 바꾸어 드립니다.

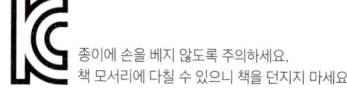

종이에 손을 베지 않도록 주의하세요.
책 모서리에 다칠 수 있으니 책을 던지지 마세요.